Backpacker

Malaysia   Kuala Lumpur

AF194796

Reiseverlauf

1. Kuala Lumpur City
2. Batu Caves
3. Chinatown
4. Bukit Tabur West
5. Port Dickson
6. IOI Shopping Mall
7. Bangi

Autor: Wolfgang Hans Werner Pade

Bibliografische Information der Deutschen Nationalbibliothek:
Die Deutsche Nationalbibliothek verzeichnet diese Publikation
in der Deutschen Nationalbibliografie; detaillierte bibliografische
Daten sind im Internet über http://dnb.dnb.de abrufbar.

Backpacker

Malaysia Kuala Lumpur

Herstellung und Verlag:

BoD-Books on Demand, Norderstedt

ISBN: 9783752608502

Vorwort

Liebe Leser,

mein Name ist Wolfgang Pade und Reisen ist meine große
Leidenschaft, bereits mit vierzehn Jahren reiste ich, mit
gleichaltrigen Freunden, allein durch Europa, mit sechzehn
waren alle Länder Europas und Nordafrikas mehrfach besucht.

Egal ob mit dem Zug, Bus, Auto, Motorrad, Flugzeug, Schiff,
Segelboot oder Kreuzfahrtschiff, ich wollte hinaus in die Welt,
um mir diese anzuschauen, es spielte für mich auch keine
Rolle ob ich im Zelt, einem fünf Sterne Hotel oder auf
einem Segelboot, bzw. Kreuzfahrtschiff nächtigte.

Erleben wie es wo anders auf der Welt zu geht, Landschaften
bestaunen, Tiere beobachten und Menschen kennenlernen,
so wie deren Gebräuche, Kulturen und Lebensart zu erkunden.
Das faszinierte mich schon mein ganzes Leben lang, das war
meine Motivation, mein Antrieb, so bereiste ich inzwischen
alle Kontinente, viele ferne Länder, mit fremdartigen Kulturen,
gänzlich anderen Glaubensrichtungen, anderen Lebens-
einstellungen, so wie auch mit deutlich unterschiedlichen,
aber interessanten Essgewohnheiten.

Inzwischen bin ich sechsundfünfzig Jahre alt und arbeite
als Ingenieur in einem großen Konzern. Seit dem sieben-
undzwanzigsten Lebensjahr bin ich mit meiner Frau Silvia
verheiratet, gemeinsam haben wir zwei Söhne.

Hier wird über das Erlebte auf der Reise, als Backpacker, in
Malaysia der Stadt Kuala Lumpur und Umgebung berichtet.

Wir starten die Reise aus unserer schwäbischen
Heimatgemeinde Illingen in Württemberg bei Stuttgart.
Ab Frankfurt fliegen wir nach Kuala Lumpur in Malaysia.
Dort besichtigen wir die Hot Spots von Kuala Lumpur City und
besuchen die berühmten Höhlen und Tempel von Batu Caves.
Erleben das bunte Treiben in den Straßen von Chinatown.
Unternehmen eine selbstorganisierte Safari in den Dschungel
u. erklimmen die grünen, felsigen Berge von Bukit Tabur West.
Wir genießen den Strand Port Dickson am Indischen Ozean.
Besuchen die Mega IOI Shopping Mall in Putrajaya und
besichtigen den einheimischen Stadtteil in Bangi etwas näher.
Letztendlich fliegen wir von Kuala Lumpur wieder in unsere
schwäbische Heimat. Der Reisebericht enthält 165 Farbfotos

Die selbstgeplante Backpacker-Tour wurde von Sohn Kevin
und Wolfgang durchgeführt. Wir erlebten ein wunderschönes
Stück vom fantastischen Malaysia im Großraum Kuala Lumpur.
Genossen die großartige Gastfreundschaft, die Kultur,
Geschichte und Landschaft, so wie die nationalen Speisen.

Ich hoffe sie haben Interesse bekommen
und möchten mein Buch lesen, dazu wünsche ich viel Freude.

Wolfgang Hans Werner Pade

Südchinesisches Meer

Malaysia

●Kuala Lumpur

Indischer Ozean

Singapur

Backpacker
Malaysia Kuala Lumpur

Mein Sohn Kevin und ich wollten wieder eine Reise zusammen unternehmen. Wir wussten noch nicht genau wohin. Der Plan war, so weit weg wie möglich und in ein warmes Land fliegen. Aber ein Land, das wir noch nicht besucht hatten. Es sollte unproblematisch von Deutschland anzureisen sein, ohne Visum und ohne großen Impfaufwand. Da wir nur neun Tage Urlaub zur Verfügung hatten, durften höchstens ein Tag für die Anreise und einen Tag für die Rückreise spendiert werden. Zudem sollte es auch nicht zu teuer sein, weil Kevin kein Geld besitzt und deshalb der Papa alles bezahlen muss. Wir schauten nach Individualflügen in alle Herren Länder. Kamen schnell darauf, dass die Philippinen unser Zielgebiet sein sollten. Dieses ferne Land erfüllt alle Vorgaben die wir uns selber gestellt hatten, der Flug war sogar extrem günstig und das auch noch als Direktflug von Frankfurt bis Manila und zurück. Nachdem der günstige Flug vorgemerkt war, schauten wir über das Internet noch nach guten Übernachtungsmöglichkeiten, die zu einem erschwinglichen Preis und mit Frühstück waren. Kurz bevor wir gemeinsam buchten, sagte ich zu Kevin,

irgendwas stimmt hier nicht, es ist alles so perfekt und günstig.
Dann fiel mir das Wetter ein, dies sollte der letzte Check sein
und dann wollten wir alles sorgsam ermittelte buchen.
Wir prüften in unserem Reisemonat die Wetterlage auf den
Philippinen und stellten leider fest, dass dies die Zeit der
Hurrikans, Tornados und des Monsunregens ist. Damit war
der gute Preis des Fluges und der Hotelzimmer leicht erklärbar.
Da der starke Monsunregen hier auch mal eine Woche anhalten
kann und Flüge wegen Unwetter abgesagt werden, buchten wir
die Reise nicht, weil wir im schlechtesten Fall die ganze Zeit
im Hotelzimmer sitzen u. auf Wetterbesserung warten müssten.
Wir prüften nun erst das Wetter und danach den Rest, wie
Flüge und Hotelzimmer. Erstaunlicherweise ist zu dieser
Reisezeit das Wetter in Malaysia genau anders herum. In
unserem Zeitfenster das beste Wetter, obwohl es nicht so weit
von den Philippinen entfernt ist. Das kommt daher, dass die
Philippinen das Wetter aus dem Bereich des Pazifischen Ozean
bekommen und in Malaysia das stabile und beständige Wetter
aus dem Inland und dem Indischen Ozean erhalten. So prüften
wir nach der Wetterlage noch die Flüge, Flugzeiten und die
Preise. Da dies alles einigermaßen passte, buchten wir zuerst
den Hin- und Rückflug für uns beide, danach eine Unterkunft
in einem fünf Sterne Golf-Hotel, mit Frühstück. Warum ein
fünf Sterne Hotel mitten im Golfareal und vor Kuala Lumpur ?
Das Hotel lag mitten im Grünen und versprach gute Luft und
Ruhe, es bot aber auch ein Maximum an Sicherheit und
Komfort. Preislich kostete es ungefähr das Doppelte wie ein
gutes Stadthotel, bot aber dafür noch ein besonderes Bonbon,
nämlich Gratisfahrten mit dem Bus zu verschiedenen Zielen
in der Stadt Kuala Lumpur. Die Buchungen der Flüge,
so wie die Zimmer erfolgten problemlos und es gab
danach keinerlei zusätzliche Arbeit oder gar Änderungen.
So planten wir in den nächsten Wochen bis zur Abreise
noch ein paar Tagestouren, um in den wenigen Tagen das
für uns maximale an Sehenswerten heraus zu holen.

Unser Ziel war es, für die ganze Reise als Backpacker, mit nur fünf Kilogramm Gepäck zu starten. In meinem Alter ist das nicht mehr ganz so einfach, mit so wenig Gepäck auszukommen, zumal ich nicht gerade die kleinste Kleidergrößen habe und ein paar Kilo mehr als Kevin auf die Waage bringe. Aber, ich nahm den Kampf auf und packte meinen Rucksack, darin waren ein Paar Socken, Unterhosen, T-Shirts, kurze Shorts, zwei kurzärmlige Outdoor Hemden, eine kurze Safari-Hose, zwei Badehosen, ein Safari-Hut, Kappe, Badeschuhe, Rasierer, Deo, Zahnbürste, Zahnpasta und Ohrputzstäbchen, so wie eine ganz kleine Dose Rasierschaum, Duschgel und Sonnencrem. Aber alles kleiner als einhundert Milliliter und in einer verschließbaren Kunststofftüte verpackt, so wie es von allen Flughäfen vorgeschrieben ist. Ich hatte alle Reisedokumente, den Fotoapparat und das neue Outdoor-Handy, so wie ein paar Medikamente im Rucksack. Mein Gepäck lag dann bei fünf Kilogramm, mit Rucksack bei sechseinhalb. Sieben Kilogramm Handgepäck sind bei allen uns bekannten Fluggesellschaften zulässig, so brauchten wir nicht die Koffer bei unseren Flügen jedes Mal aufgeben und abholen. Unser Rücken dankte es uns, ohne unnötigen Ballast die Reise anzutreten.

Kevin hatte zu dieser Zeit drei Kleidergrößen kleiner als ich und konnte problemlos ein wenig mehr Kleidungsstücke mitnehmen ohne die fünf Kilogramm Gewicht zu überschreiten.

Unterwegs zog ich meine Jeans, ein T-Shirt drunter und ein Poloshirt drüber, so wie Unterhose und Socken an. Ich hatte nur ein paar Schuhe dabei, das waren meine bequemen und leichten Joggingschuhe. Natürlich hatten wir unsere Reisepässe, Geld und Visakarten mit dabei, wobei ich das Bargeld in meinen neuen Kunststoffgürtel mit Reißverschluss untergebracht hatte. Für Unterwegs auf der Straße verwendete ich nur meinen kleinen roten Leder Reisegeldbeutel.

Natürlich hatten wir unsere Taschenlampen, Kevin als Raucher sein Feuerzeug und die Zigaretten dabei. Vorsichtshalber auch noch Streichhölzer, falls die Feuerzeuge im Flughafen bei den Kontrollen abgenommen werden sollten.

So traten wir unsere Reise an und fuhren mit dem Zug von unserem Heimatort Illingen in Württemberg nach Frankfurt. Unser gebuchter Flug wurde von der Airline Etihad geleistet. Etihad ist die nationale Fluggesellschaft der Vereinigten Arabischen Emirate, die ihren Hauptsitz in Abu Dhabi hat und ihre Basis auf dem dortigen Flughafen. Die Airline befindet sich zu hundert Prozent im Besitz des Emirats Abu Dhabi. Etihad Airways wurde im Juli zweitausenddrei durch einen Regierungsbeschluss durch Chalifa bin Zayid Al Nahyan, dem Emir von Abu Dhabi, gegründet. Wir fliegen um vierzehnuhrfünfzehn mit einer Boeing 777, von Frankfurt nach Abu Dhabi dem internationalen Airport, in einer Flugzeit von sechs Stunden und fünfzehn Minuten. Haben dort zwei Stunden Aufenthalt, bzw. Zeit für den Umstieg in das nächste Flugzeug. Nach sieben Stunden und fünfzehn Minuten erreichen wir mit der Boeing 787-10 den internationalen Flughafen von Kuala Lumpur in Malaysia. Der Kuala Lumpur International Airport, mit der Abkürzung KLIA, ist der größte malaysische Flughafen. Er wurde neunzehnhundertacht- undneunzig eröffnet und liegt im malaysischen Bundesstaat Selangor. Der Airport befindet sich geografisch vierundvierzig Kilometer südlich der modernen Hauptstadt von Kuala Lumpur. Der internationale Flughafen wird von den Fluggesellschaften Malaysia Airlines und Air Asia als Drehkreuz verwendet. Der Flughafen von Kuala Lumpur wurde auf einem Gebiet der ehemaliger Ölpalmplantagen, auf einer Höhe von rund einundzwanzig Meter über dem Meer, errichtet. Bis heute wird der Airport von solchen Plantagen noch umgeben.

Ein Drittel der malaysischen Bevölkerung, das sind über sieben Millionen Menschen, leben im Umkreis von hundert Kilometer zu diesem Flughafen. Ebenso sind sechs der zehn größten Städte Malaysias weniger als hundert Kilometer vom Airport Kuala Lumpur entfernt. Der Flughafen breitet sich auf einer Fläche von über tausend Hektar Land aus und liegt nur sechzehn Kilometer von der Küste zum Indischen Ozean entfernt. Der Airport liegt strategisch, als Zwischenstopp, sehr günstig von und nach Europa, zu den Flügen nach Australien, Indonesien, Philippinen und Neuseeland. Hat aber in der Umgebung einen harten Wettbewerb mit den Drehkreuzen der südostasiatischen Flughäfen von Bangkok, Jakarta u. Singapur.

Nachdem wir ausgestiegen sind und uns im internationalen und modernen Airport Kuala Lumpur bewegen, laufen die gleichen Routinen wie auf allen internationalen Flughäfen ab. Durch den ruhigen und entspannten Flug, mit einer ausgezeichneten Bewirtung, sind wir einigermaßen Munter angekommen. Wir wechseln noch etwas Geld im Flughafen und bewegen uns zum Ausgang. Vor dem Ausgang befindet sich eine Agentur, die Taxis koordiniert und abrechnet, so gibt es keine lästigen Diskussionen mit den Taxifahrern und der Preis ist fix. Dadurch, dass wir ohne Abholung der Koffer unterwegs sind, können wir viel Zeit einsparen und sind von unserer Maschine die ersten am Taxi-Büro. Da wir nur jeweils einen kleinen Rucksack dabei haben, können wir ein kleines Taxi mit geringem Stauraum buchen u. bekommen einen relativ niedrigen Preis, für die Fahrt in unser gebuchtes Hotel. Mit dem Taxi-Bon in der Hand geht es nach draußen und vor dem Airport wartet bereits das Taxi auf uns. Das ist sehr vorbildlich hier im Flughafen geregelt. Die Fahrt zum Hotel ist sehr kurzweilig, weil alles neu, in diesem Land, für uns ist. Der Fahrer spricht gutes Englisch und erzählt uns auf der Fahrt so einiges über Malaysia.

Malaysia liegt rund vierzehn Flugstunden von Deutschland entfernt und liegt geografisch auf einer Halbinsel die ganz grob eine Nord-Süd-Ausrichtung besitzt. Im Norden grenzt das Land an seinen thailändischen Nachbarn über eine Landverbindung und im Süden gibt es zur Insel Singapur einen Anschluss über zwei Autobahnen. Auf der Seeseite Richtung Westen liegt die Insel Java, die zu Indonesien gehört, auf der näheren Ostseite grenzt über das Meer, dem Golf von Thailand, Thailand selbst, Kambodscha und Vietnam. Dies ist der westliche Teil des Staates Malaysia, es gibt aber noch einen östlichen Teil, der in etwa die gleiche Größe besitzt und auf der nördlichen Seite der Insel Borneo liegt, die ebenfalls zu Indonesien gehört. Die kürzeste Entfernung über das Südchinesische Meer beträgt zwischen Ost- und Westmalaysia rund fünfhundert Kilometer. Ostmalaysias Nachbarstaaten über Land sind Borneo u. Brunai. In Malaysia leben rund dreiunddreißig Millionen Einwohner auf einer Fläche von über dreihundertdreißigtausend Quadrat- kilometer. Der Staat besteht aus dreizehn Bundesstaaten. Malaysia entstand neunzehnhundertdreiundsechzig aus vier ehemaligen Teilen des damaligen Britischen Weltreichs. Das Staatsoberhaupt ist aktuell der König Abdullah Shah , der den Namen Yang di-Pertuan Agong trägt und alle fünf Jahre aus einer Reihe von neun Adelsträgern gewählt wird. Das Parlament ist ganz nach dem englischen Vorbild aufgebaut und hat ein Ober- und ein Unterhaus. Das parlamentarische Regierungssystem hat seine Haupsitz in Kuala Lumpur, der Regierungssitz ist aber in Putrajya. Die Staatsform ist eine föderale , parlamentarische Wahlmonarchie und der aktuelle regierende Regierungschef ist Premierminister Muhyiddin Yassin. Die Amtssprache ist Malaysisch und die wichtige Zweitsprache ist Englisch, wie fast überall auf der Welt. Bekannt ist Malaysia für seine schönen Sandstrände, die dichten, hügeligen und grünen Regenwälder, so wie seine vielfältigen malaiischen, chinesischen, indischen und europäischen kulturellen Einflüsse.

In der Hauptstadt Kuala Lumpur stehen Gebäude aus der Kolonialzeit, es gibt quirlige Einkaufsbezirke wie "Bukit Bintang" und gewaltige Wolkenkratzer wie die berühmten "Petronas Towers". Die Zwillingstürme sind über eine weit oben liegende Brücke verbunden und erreichen jeweils eine Bauhöhe von über vierhunderteinundfünfzig Meter.

Das Klima in Malaysia ist relativ konstant, denn es liegt komplett in den humiden, feuchtheißen Tropen. Deshalb schwankt die Temperatur täglich und jährlich nur um rund zwei Grad Celsius. Es herrscht eine hohe Luftfeuchtigkeit über das ganze Jahr, die schon am frühen Morgen über achtundneunzig Prozent steigt und über fünfundsechzig Prozent noch am Nachmittag beträgt. Die mittleren jährlichen Niederschläge liegen zwischen zweitausend und viertausend Millimeter je nach Region im Tiefland oder im Nordosten, im Gebirge über viertausend Meter steigt der Niederschlag sogar bis zu sechstausend Millimeter. Die ganzjährigen Temperaturen liegen zwischen fünfundzwanzig und achtundzwanzig Grad. Von April bis Oktober bestimmt der Südwestmonsun und von Oktober bis Februar der Nordostmonsun das Wetter.

Auf Meeresniveau befinden sich in Malaysia Sumpf- und Küstenwälder der Schwemmlandebenen, direkt am Meer sind diese mit Mangroven bewachsen. Kurz nach dem Meeresniveau steigt das Land fast überall deutlich an. Auf der landschaftlich sehr schönen Halbinsel steigt nach Norden eine breite Bergkette an, dessen Hauptkamm bis auf knapp zweitausendzweihundert Meter über dem Meeresspiegel liegt. In der Gegend um Sabah entwickeln sich die Berge zu einem gewaltigen Hochgebirge, dessen höchste Erhebung fast viertausendeinhundert Meter aufweist. Der höchste Berg heißt Kinabalu, der auch die höchste Erhebung zwischen dem Himalaya und Neuguinea ist.

Die Bevölkerung ist stark gemischt und besteht zu fünfzig Prozent aus Malaien, vierundzwanzig Prozent Chinesen, elf Prozent sind indigene Völker wie Orang Asli und Dayak, sieben Prozent sind Inder, der Rest ist nicht mehr registriert. Die Bevölkerung ist nicht gleichmäßig verteilt, so leben im dünn besiedelten größeren östlichen Landesteil von Malaysia nur rund zwanzig Prozent der Menschen, dagegen im kleineren westlichen Teil ungefähr achtzig Prozent der Einwohner.

In Malaysia sind alle großen Weltreligionen, in nennenswerter Zahl, vertreten. Die Staatsreligion ist der Islam, dem über einundsechzig Prozent der Bevölkerung angehören, gefolgt wird dieser durch den Buddhismus mit über neunzehn Prozent, dann kommt das Christentum mit über neun Prozent, anschließend der Hinduismus mit über sechs Prozent, gefolgt von den Chinesischen Volksreligionen wie Daoismus und Konfuzianismus mit über einem Prozent, ein kleiner Anteil mit etwas über einem halben Prozent ist Konfessionslos, der Rest ist unbekannt und deshalb auch nicht registriert.

Die militärischen Streitkräfte in Malaysias unterteilen sich bei einer Gesamtstärke von über hunderttausend aktiven Soldaten in die Bereiche Heer, Luftstreitkräfte und Marine. Durch die frühere britische Kolonialherrschaft bestanden die Mannschaften der Soldaten hauptsächlich aus Indern. Darauf konnten die späteren militärischen Streitkräfte aufbauen.

Wirtschaftlich ist Malaysia für die Zukunft ganz gut aufgestellt, zumal das Land reich an Bodenschätzen und Rohstoffen wie Zinn, Kautschuk, Palmöl, Erdöl, usw. ist. Außerdem sind im Land die Automobilhersteller Inokom, Perodua und Proton, so wie der Ölmulti Petronas beheimatet. Ab neunzehnhundert-neunzig entwickelte sich Malaysia industriell sehr stark, so dass sie zu den aufstrebenden Schwellenländer dazu gehören.

Malaysia gilt heute als ökonomisch und politisch zu den stabilsten Länder in Südostasien, in dem sowohl die Tradition und Moderne, als auch der Islam und Kapitalismus gelebt wird. Der Staat ist Mitglied in der ASEAN, der D-8 und der G15. Durch diese Ausrichtung erfuhr das Land einen grundlegenden modernen Wandel von einem einstigen Agrarstaat hin zu einem technisierten und kapitalintensiven Industriestandort, der wie gesagt sehr gut für die Zukunft aufgestellt ist und sich stark weiter entwickelt. Durch die Öffnung für ausländische Investoren in den neunziger Jahren erhielt das Land einen zusätzlichen Aufschwung. Entscheidend ist hier auch die gute Integration der Chinesen und Inder. Die Regierung Malaysias reguliert staatsseitig die Wirtschaft, trotz der Liberalisierung. Deshalb werden im Geschäftsleben oftmals Malaien bevorzugt.

Malaysia steht aktuell auf Platz zwölf der meistbesuchten Länder der Welt, deshalb hat der Tourismus für die Wirtschaft in diesem Land einen hohen Stellenwert. Natürlich ist Kuala Lumpur die am häufigsten besuchte Stadt in Malaysia. Der Großteil der Besucher kommt aus Singapur, Indonesien und der Volksrepublik China. Aus Deutschland kommen nur wenige Gäste, deshalb ist es umso wichtiger, das sich diese in unserem Land wohlfühlen, meinte der Taxifahrer. Denn dann werden auch diese Gäste öfters zu Besuch in ihr Land kommen.

Malaysia ist sehr exportorientiert und engagiert sich als Vollmitglied der Welthandelsorganisation, sowie in ASEAN und APEC, für den Abbau von Handelsschranken.
Zu den wichtigsten Exportgütern zählen die elektronischen Produkte, aber auch die Förderung von Rohöl, Ölprodukten, und Flüssiggas ist sehr wichtig. Des Weiteren wird Palmöl, Palmölprodukte und Kautschukprodukte für den Exportmarkt aus Malaysia produziert.

Die wichtigsten Handelspartner für Malaysia sind die Volksrepublik China und die umliegenden Ländern um Malaysia, danach folgt die USA und die EU. Die EU hat einen Anteil von über zehn Prozent und Deutschland ist davon der wichtigste Handelspartner.

Unser Fahrer redete wirklich sehr viel auf der Fahrt vom Flughafen zu unserem gebuchten fünf Sterne Golf-Hotel. Wir hörten gern zu und lernten das eine oder andere dazu, da sieht man wiedermal, das Reisen auf jeden Fall bildet.

Nach rund vierundzwanzig Kilometer stand unser Taxi vor dem gebuchten Hotel "Bangi-Putrajaya Hotel", unserem fünf Sterne Hotel, das mitten im siebenundzwanzig Loch-Golfplatz, ganz im Grünen u. trotzdem nur sechs Kilometer zur City von Kuala Lumpur, liegt. Wir steigen mit unserem leichten Gepäck aus, bedanken uns beim Fahrer und geben ihm etwas Trinkgeld. Vor dem Hotel parken die Luxusautos, wie Lamborghini, Ferrari, Mercedes Benz S600L-AMG, Mercedes-Maybach oder der neuste 8-BMW, oftmals sogar mit Chauffeur. Aber wir kommen in das fünf Sterne Golf-Hotel als Backpacker, mit dem kleinen Rucksack, das wirkt schon ein wenig krass. Kevin und ich mussten herzlich darüber lachen u. freuten uns schon auf die staunenden Gesichter an der Rezeption.

Wir wurden sehr freundlich an der Rezeption empfangen und es wurde nach den Formalitäten ein Empfangscocktail gereicht. Nachdem wir leer getrunken hatten, fragte man uns höflich, ob wir noch ein Cocktail haben möchten, wir nahmen das Angebot sehr gerne an und der Butler wartete abermals geduldig, bis wir auch diesen genossen hatten. Man nahm uns anschließend unser abgestelltes Gepäck, also jeweils nur den kleinen Rucksack, ab. Brachte uns auf unsere Suite, erklärte uns dort alles und führte uns anschließend durch das schöne und sehr großzügige Hotel.

Das Bangi Resort Hotel in Kuala Lumpur oder "Bangi-Putrajaya Hotel" liegt wirklich sehr schön im Grünen, vor der Stadt Kuala Lumpur. Es war alles so wie im Hotel-Angebot beschrieben. Die teuren Luxusautos vor dem Hotel, werden bestens mit großzügigen Stellplätzen und Garagen versorgt. Es gibt ein Willkommensgetränk, in unserem Fall sogar zwei. In der sehr geräumigen und schön eigerichteten Suite warteten Tee, Kaffee und Mineralwasser auf uns. Es gibt eine kostenlose Tageszeitung für die Gäste mit Zimmer und es sind die Sauna, das WLAN und weitere Annehmlichkeiten inklusive. In diesem neunzehnhundertsiebenundneunzig erbauten Hotel wird großen Wert darauf gelegt, dass immer alles in Ordnung und auf dem neusten Stand ist, so wurde zweitausendfünfzehn Gesamt-Renoviert und zweitausendneunzehn nochmals Teil-Renoviert. Die Rezeption ist vierundzwanzig Stunden am Tag und sieben Tage die Woche persönlich besetzt. Insgesamt gibt es zwei-hundertsechsundfünfzig Zimmer auf acht Etagen verteilt. Natürlich sind alle Pflegeartikel, die man sich denken kann, im schönen modernen Bad enthalten. Auch Badeschuhe und Bademäntel stehen, so wie der Safe, kostenfrei zur Verfügung. Ganz besonders schön fanden wir die Poolanlage und die sehr gepflegte Grünanlage, mit Koi-Teich und Wasserlauf im Hotel. Auch das Frühstücksbuffet war sehr gut bestückt, mit nationalen und internationalen warmen und kalten Speisen. Ich bestellte mir gern ein Omelette mit Knoblauch und Chili, was den Koch sichtbar freute und er ließ es sich nicht nehmen, dies aus ganz frischen Knoblauchknollen und frischen roten Chilischoten, vor uns im Show Cooking herzustellen. Der Frühstücksraum war mit quadratischen vierer Tischen und frische Blumen darauf bestückt, die Stühle mit weißen Stuhlhussen. Die restliche Einrichtung, wie Konferenzräume, Bars, Fitnessraum, Lounge, japanisches Restaurants, chin. Lokal, Cafés usw. nutzen wir nicht, deshalb keine Aussagen dazu. Selbstverständlich ist alles Behindertengerecht im Haus.

Bangi Resort Hotel oder "Bangi-Putrajaya Hotel" in KL

Wir schliefen in der ersten Nacht ganz hervorragend in unserer
Suite, ebenso genossen wir die Dusche am Morgen und das
leckere Frühstück. Stimmten uns nochmals ab und buchten,
an der Rezeption, die kostenlose Fahrt mit dem Bus in die City
nach Kuala Lumpur. Außer uns fuhren noch ein Pilot und zwei
Flugbegleiterinnen mit, die ebenfalls hier im Hotel nächtigten.
Die sechs Kilometer in die City fuhren wir schnell und vor
allem ohne Stau. Der Fahrer des Hotels lies uns nach unseren
Wünschen aussteigen, so mussten wir keinen Meter zu viel
laufen. Vor dem Ausstieg aus dem Bus wurde noch der
Rückfahrttermin und Treffpunkt abgestimmt. Nun konnten wir
uns die City von Kuala Lumpur in Ruhe anschauen. Als erstes
liefen wir in die "SURIA KLCC", das ist das Einkaufszentrum
am Fuß der berühmten Zwillingstürme "Petronas Towers". Das
"SURIA KLCC" wurde im Jahre neunzehnhundertachtund-
neunzig mit seinen hundertfünfunddreißigtausendfünfhundert
Quadratmetern, auf insgesamt sechs Ebenen, errichtet. Das
"SURIA KLCC", was ausgesprochen **K**uala **L**umpur **C**ity
Center heißt, beherbergt alle bekannten Geschäfte und
Boutiquen die man sich weltweit nur vorstellen kann. Die
Verkaufsfläche im KLCC ist in etwa doppelt so groß wie im
Berliner Kaufhaus des Westens (KaDeWe). Mit diesem
einfachen Größenvergleich, kann sich jeder dies gut vorstellen.
Zum Glück haben wir keine weiblichen Mitreisenden dabei,
denn sonst könnten wir einen Tag nur für die Besichtigung des
"SURIA KLCC" einplanen. So sind wir relativ schnell durch
und schauen uns als nächstes die Zwillingstürme "Petronas
Towers" an. Die Zwillingstürme wurden von dem Architekten-
büro "Cesar Pelli & Associates Architects" konstruiert und der
Kopf der Planung war der Architekt Cesar Antonio Pelli. Das
Gebäude ist vom Grundsatz her ein Stahlbetongebäude, das mit
Metall und Glas in der Außenhülle verkleidet wurde. Beide
Türme wiegen rund sechshunderttausend Tonnen und sind mit
siebenundsiebzigtausend Quadratmeter Glas, davon zweiund-
dreißigtausend Fenster umhüllt.

Die Fundamente sind, mit über dreißig Meter, einer der tiefsten der Welt. Der Abtransport des Erdaushubs erfolgte mit über fünfhundert Lastkraftwagen pro Nacht. Die Türme wurden von zwei Bautrupps parallel gebaut und dazu wurden über zweitausend Personen beschäftigt. Die Türme sind einem Minarett nachempfundenen, die Spitzen sind je knapp vierundsiebzig Meter hoch u. wiegen je über hundertsechsundsiebzig Tonnen. Die Besonderheit ist die stählerne Brücke "Sky Bridge" zwischen den zwei Türmen, die zwischen dem einundvierzigsten und zweiundvierzigsten Stockwerk, auf hundertzweiundsiebzig Meter Höhe die Gebäudetürme verbindet. Die "Sky Bridge" ist über achtundfünfzig Meter lang und wiegt über siebenhundertfünfzig Tonnen. Um durch leichte Schwingungen und Erdbewegungen der beiden Gebäudehälften, die Verbindung nicht zu beschädigen, liegt die Brücke auf riesigen Kugellagern. Es ist die weltweit erste Brücke in dieser Bauhöhe, die zwei Gebäude miteinander verbindet. Tickets für einen Besuch der "Sky Bridge" und des sechsundachtzigsten Stockwerks gibt es ab achtzig Ringgit, ab achtuhrdreißig am jeweiligen Tag. Unter den sechsundachtzig Stockwerken sind fünf Stockwerke Parkfläche unter dem "SURIA KLCC", die insgesamt fünftausendvierhundert Pkw aufnehmen können. In dem gebauten Gebäude von dem Petronas Ölkonzern, das vierhundertzweiundfünfzig Meter hoch ist, sind je Turm zehn Treppenhäuser und jeweils neununddreißig Aufzüge im Einsatz. Durch die überdurchschnittlich hohe Raumhöhe werden ganz spezielle Hochgeschwindigkeitsaufzüge verwendet. Ein sogenannter Doppelstockaufzug, der jeweils immer zwei Etagen bedient. Wer in eine gerade Etage fahren möchte nimmt den unteren Teil des Aufzugs, für die ungeraden Stockwerke der obere Bereich des Lifts. Mit der max. Geschwindigkeit benötigt der Aufzug rund neunzig Sekunden, von der untersten bis zur höchsten Etage. Das Fassungsvermögen je Kabine des Doppelstockaufzugs beträgt sechsundzwanzig Personen, pro Fahrt werden also zweiundfünfzig Gäste befördert.

Die Verwendung der Zwillingstürme "Petronas Towers" ist im Prinzip gleich wie die des Twin-Towers in den USA, für Verwaltungs- und Bürogebäude der Riesenkonzerne, mit Einkaufszentrum, Konzertsaal und Tiefgaragen.

Nach der Besichtigung der "Petronas Towers" laufen wir weiter in den KLCC Park, dies ist der Park, der direkt neben den Türmen liegt. Es ist eine herrlich künstliche Landschaft geschaffen worden, die vor allem bei den Temperaturen für eine angenehme Frische sorgt. Von hier aus kann die Skyline der City betrachtet werden, ebenso die Wasserspiele, die mit Musik ein richtiges Wasserkonzert der Fontänen abgeben. Sehr empfehlenswert ist dieses Wasserkonzert in der Nacht mit Lichtspielen und der beleuchteten Skyline zu betrachten. Da wird so manch eine junge Dame ihr Herz verloren haben. Dieser Park liegt mitten in der Stadt, sozusagen im Herzen von Kuala Lumpur und am Fuße der Zwillingstürme "Petronas Towers". Der Park erstreckt sich auf einer Fläche von ungefähr zwanzig Hektar und wird sowohl von Touristen, als auch von Einheimischen gern besucht. Es gibt dort Wasserlandschaften mit Fontänen oder stählernen springenden Walen, aber auch über zweitausend Bäume, die Spaziergänger, Jogger auf den Laufstrecken oder Kinder auf den Kinderspielplätzen, einladen. Ebenso findet man große Flächen mit gepflegtem Rasen oder Statuen die betrachtet werden können. Durch die große Grünfläche und die vielen Bäumen werden auch viele Vögel angelockt und verweilen im Park, sehr zur Freude der Besucher. Bei unserem Besuch im Park waren sehr viele Personen im erfrischenden und kühlen Wasser zum planschen und spielen, was in diesem Park ausdrücklich erlaubt ist, sehr gut gemacht. Am Nordrand des Parks befindet sich die gewaltige "Masjid-As-Syakirin-Moschee". Besucher sollten hier respektvoll sein und nicht zu viel Haut zeigen, Frauen müssen ein Kopftuch tragen, so wie Schulter und Knie müssen bedeckt sein.

Während der Gebetszeiten, oder an heiligen Tagen sollten Gäste, aus Rücksichtname der Gläubigen, auf einen Besuch in der Moschee freundlicher Weise verzichten. Der Park ist von früh am Morgen bis in die Nacht geöffnet u. der Eintritt ist frei.

Zwischendurch schauen wir uns noch den Fernsehturm von Kuala Lumpur an, er wurde von einer Tochterfirma der Telekom Malaysia gebaut. Im Jahre neunzehnhunderteinundneunzig wurde der Bau gestartet, neunzehnhundertvierundneunzig die Antenne installiert und neunzehnhundertsechsundneunzig für Besucher erstmalig geöffnet. Der "Menara Kuala Lumpur", in Kurzform "Menara KL" und in Englisch "KL Tower" ist mit vierhunderteinundzwanzig Meter der höchste Fernsehturm in Malaysia und der siebthöchste der Welt. Sein siebzehn Meter tiefes Fundament wurde auf dem "Bukit Nanas", in Deutsch Ananashügel, in die Erde betoniert. Der Schaft des Turms hat einen Durchmesser von über vierundzwanzig Meter, der sich bis auf fast vierzehn Meter verjüngt. Die Wandstärke des Turms variiert von eineinhalb Meter im Grund bis sechzig Zentimeter nach oben. Den Turmkorb, mit seinen sieben Ebenen, kann man bequem über einen der vier Aufzüge erreichen, oder zu Fuß über die zweitausendachtundfünfzig Stufen. Der Turmkorb besitzt eine Fläche von fast siebentausendachthundert Quadrahtmeter. Auf der Ebene Null befindet sich auf zweihundert siebzig Meter Höhe das Fluchtareal für Notfälle, darüber die Aussichtsplattform, Drehrestaurant, Bankettsaal, Betriebsebene für Telekommunikation, Betriebsraum für den Turm und die Betriebsebene für den Sendebetrieb. Der Turm ist für die Öffentlichkeit als Aussichtsturm geöffnet. Im Drehrestaurant ist Platz für über dreihundert Gäste und es dreht sich alle neunzig Minuten einmal im Kreis. Auf dreihundertfünfunddreißig Meter Höhe befindet sich eine "Base-Jumping-Station" mit internationalen Sprungveranstaltungen.

SURIA KLCC Einkaufszentrum am Fuß der Zwillingstürme

Unten: Eingang der Zwillingstürme "Petronas Towers" in KL

Der "Menara Kuala Lumpur", in Kurzform "Menara KL

Zudem wird der Turm genutzt als Sendeturm, Radio- und Fernsehturm, Richtfunkbetrieb, GSM oder mobiles Funknetz. Für die Marine, das Meteorologischen Institut und für das Verkehrsamt erfüllt er die Funktion als Messstation.
So wird das gewaltige Bauwerk, mit einer Gesamtmasse von über hunderttausend Tonnen Baumaterial, vielseitig genutzt.
Am Turmfuß wurde ein weiteres Gebäude errichtet, in dem ein kleines Theater mit fünfzig Plätzen und ein Amphitheater mit bis zu zweihundertfünfzig Sitzplätzen, für Veranstaltungen geöffnet ist.

Wir entfernen uns vom Areal der "Petronas Towers" und wandern an den modernen und gewaltigen Wolkenkratzern vorbei. Einige sind komplett verglast und haben sehr moderne, futuristische Formen, andere sind teilverglast und besitzen die Form einer Eieruhr oder eines umgedrehten Weinglases.
Der Fantasie sind hier scheinbar keine Grenzen gesetzt.
Zwei sehr schöne Türme, in Form der Twin-Tower, jedoch komplett begrünt von ganz unten bis zum Flachdach.
Das habe ich so extrem und gepflegt noch nicht gesehen.
Es ist ein auffällig grüner Punkt in der Glas- und Betonwelt was meiner Meinung nach fantastisch aussieht u. der Umwelt sehr viele Vorteile bringt. Es gibt noch ein Bankenviertel, in dem die üblichen Geldinstitute ihre Wolkenkratzer errichten.

Es ist schon sehr spät und wir bekommen mächtig Hunger, deshalb bewegen wir uns in ein Viertel, in dem sehr viel Street-Food angeboten wird. Dort entdecken wir den "Tokong Sam Know Tong Temple". Dieser kleine, aber sehr schöne und einfache chinesische Tempel befindet sich zwischen der Street-Food und der Altstadt. Besonders schön sind hier die Dach-formen u. schönen Drachen oder ähnlichen Figuren auf dem Dach. Aber nun wird es höchste Zeit für einen kleinen Imbiss, den wir in einem chinesischen Imbiss-Restaurant einnehmen.
Jeder darf sich hier selber bedienen und bezahlt für den Teller.

Der chinesische Tempel "Tokong Sam Know Tong Temple"

Wir probierten von allem ein wenig, hatten aber etwas Angst, weil alles offen war und jeder mit seinem Gesicht über dem Buffet seine Ausdünstungen abgab. Vorab sei gesagt, wir haben uns nichts eingefangen, vielleicht auch deshalb, weil wir vor und nach dem Essen einen chinesischen Reisschnaps getrunken haben. Das Essen schmeckte frisch und würzig, es gab nahezu alle Geschmacksrichtungen. Wir können diese Art des Street-Food nur empfehlen, auch wenn es uns Europäer anfangs ein wenig Überwindung kostet, in so hygienisch bedenklichen Restaurants, mit offenem Essen, zu speisen.

Nach dem guten Essen trinken wir nochmals eine Kola, denn Bier ist hier sehr teuer, und machen uns anschließend auf die Suche unserer Abfahrtstelle, an der wir mit dem Bus des Hotels "Bangi-Putrajaya Hotel" abgeholt werden. Es war nicht ganz so einfach den Abfahrtplatz zu finden, es kostete uns ein paar extra Kilometer, die wir zu Fuß zurückgelegt hatten. Letztendlich klappte alles wie geplant und wir saßen noch rechtzeitig im Bus und schliefen vor Erschöpfung dort fast ein. Nicht nur uns ging es so, denn die Temperaturen, die hohe Luftfeuchtigkeit und die viele Bewegung an der frischen Luft kostete schon Energie und forderte seinen Tribut. Im Hotel angekommen, stiegen wir träge in der Dunkelheit aus dem Bus und liefen mit unserm kleinen Gepäck zu unserer Suite. An der Rezeption wurden wir freudestrahlend empfangen und begrüßt. Wir aßen noch eine Kleinigkeit auf unserem Zimmer und tranken ein großes Glas Kola-Whisky, das wir uns heute auch wirklich verdient hatten. Den Whisky und die Flasche Kola haben wir unterwegs im Supermarkt gekauft und in unsere Suite mitgenommen, natürlich unauffällig an der Rezeption vorbei. Um zweiundzwanzig Uhr kam Kevin auf die Idee, das wir noch eine Runde in den Außenpool zum Schwimmen gehen sollen. Okay, aber nur ganz leise meinte ich und freute mich auf ein kühles Bad im Außenpool. Mit dem Bademantel bekleidet und die Badehose schon an, gingen wir zum Pool.

Leise stiegen wir in den Außenpool und genossen das frische, halbwegs kühle Nass und ich wartete schon auf die erste Reaktion des Personals oder der Gäste, die uns evtl. vom Balkon aus sehen konnten. Wir drehten ein paar Runden im Pool, das Personal sah uns und freute sich mit uns, dass wir den Außenpool im Mondschein genießen konnten. Bis dreiundzwanzig Uhr blieben wir im Pool und liefen dann wieder in unsere Suite. Ich habe mich anschließend sehr gefreut, dass sich keiner beklagt oder beschwert hatte, denn in der Nacht waren wir trotz der Bemühungen ruhig zu sein, sicherlich zu hören und offiziell war der Außenpool natürlich geschlossen. Da gibt es für das Hotel und die toleranten Gäste ein dickes Plus von uns. Im Zimmer angekommen, gab es nochmals ein Glas Kola-Whisky mit Eis und dann, nach dem Zähneputzen, schnell ab ins Bett, denn der morgige Tag war komplett geplant.

Die Nacht war kurz, denn um sieben Uhr saßen wir schon am Frühstückstisch und genossen die tolle Auswahl am Buffet. Ich bestellte mir beim Koch noch zusätzlich ein großes Omelette mit frischen Chili, Salz, Pfeffer und Käse. Kevin orderte ein großes Omelette mit Wurst, Käse, Tomaten, Zwiebeln und frischen Pilzen, so wie mit Salz und Pfeffer gewürzt. Das schmeckte uns beiden sehr gut. Anschließend noch frisches Obst in Form von Mango und Papaya, ein letzter Cappuccino, Zähne putzen und dann starteten wir unsere Tour.

Heute wollen wir mit dem Zug nach Batu Caves fahren, dort die großen Tropfsteinhöhlen und die große, goldene Statue des Hindugottes Murugan, der scheinbar den steilen Zugang, über zweihundertvierzig Treppenstufen, zu den Höhlen zu bewachen scheint, besichtigen. Dazu lassen wir uns mit dem Hotelbus zum Hauptbahnhof fahren und kaufen dort die Tickets für den Zug, der uns zu dem fünfzehn Kilometer entfernten Batu Caves fährt. Der Hauptbahnhof ist einigermaßen überschaubar, trotz der vielen Menschen.

Beim Zug fahren in Kuala Lumpur sollte man einiges wissen. Vor dem Betreten der Zuganlagen muss ein Ticket erworben werden, sonst gibt es keinen Zugang zum Zug. Nur mit dem Ticket oder einem Plastikchip lassen sich die elektrischen Schranken zum Bahnsteig öffnen. Einige Linien sind kostenfrei in Kuala Lumpur, dort werden Plastikchip am Ticketschalter in einem Korb ausgelegt oder sie werden vom Bahnpersonal gratis ausgegeben. Im Wartebereich auf den Bahnsteigen gibt es in Pink gehaltene Wartebereiche, die nur von Frauen benützt werden dürfen, auch die Züge haben diese passenden Abteile. Alles ist klar und deutlich markiert und beschriftet, aber wir bemerkten es zu spät und warteten in diesem Bereich, stiegen sogar in den Zug und nahmen ebenfalls dort Platz. Weder Kevin, noch ich bemerkten dies sofort, trotz guter Kennzeichnung, weil es einfach sehr ungewohnt / unbekannt für uns ist. Keiner der Gäste oder des Zugpersonals beschwerte sich über unser regelwidriges Verhalten. Als wir dies selber bemerkten, wechselten wir selbstverständlich den Platz im Zug und begaben uns in den für uns erlaubten männlichen oder gemischten Bereich. Nachdem wir die Haltestation in Batu Caves erreicht hatten, stiegen wir aus und liefen zu den heiligen Tempeln, die sehr gut zu Fuß zu erreichen sind. Menschen die es bequem haben möchten, oder schlecht zu Fuß sind, können mit den vorgesehenen Bussen dorthin fahren.

Die Batu Caves ist ein heiliger Ort für die Hindus und eine berühmte, große und wichtige touristische Attraktion für die Gäste. Wer sich für das Land und seine Religion interessiert, der sollte diese fantastische Anlage unbedingt besuchen. Die Anlage kann geführt oder ganz in Ruhe separat besucht werden, der Eintritt ist kaum nennenswert für uns. Hinter dem Eingang befindet sich die über zweiundvierzig Meter hohe, vergoldete Statue Murugans, die im Jahre zweitausendsechs fertiggestellt wurde und komplett mit Blattgold überzogen ist.

Links von der mächtigen Figur mit dem Speer beginnen die breiten über zweihundertvierzig Steinstufen, die in mehrere Bereiche unterteilt sind und jeweils nach außen mit einem stabilen Geländer gesichert sind. Wir kamen uns vor wie bei einem Spießrutenlauf, denn weil wir so früh dort waren, gab es wenige Gäste und die Affen saßen rechts und links auf dem Geländer und warteten auf jede Gelegenheit, um etwas von den Gästen zu klauen. Am Eingang warnte man uns, am besten, wenn möglich, die Brillen vom Gesicht zu nehmen, den Fotoapparat fest zu halten und nichts unbefestigt und ungesichert am Körper oder Rucksack zu tragen, denn die Affen sind schlau und schnell, klauen einfach alles. Hut und Sonnenbrille ließen wir im Rucksack und die Kamera fest in der Hand, zusätzlich mit dem Gurt um den Hals gesichert. Ich kann nur jedem empfehlen die vielen Stufen sehr langsam hoch zu steigen, denn bei weit über dreißig Grad und neunzig Prozent Luftfeuchtigkeit ist das kein einfaches Unterfangen. Und vor allem viel Wasser mitzunehmen und zu trinken. Die Affen schauten uns sehr intensiv und interessiert an, vorsichtshalber liefen wir in der Mitte der beiden Geländer, um außerhalb der Reichweite dieser Tiere zu sein. Vor uns lief, im Abstand von rund drei Meter, ein einzelner Herr mit einem Rucksack auf dem Rücken und einer Kappe auf dem Kopf, so wie der Brille auf der Nase. Mitten auf der Treppe sprang eine Affenmutter mit ihrem Baby auf den Rucksack des Herren, öffnete flink mit ihren geschickten Händen den Rucksack am Reisverschluss und riss eine eineinhalb Liter Flasche Mineral-wasser mit Gas aus dem Rucksack und sprang zurück auf ihrem Sitzplatz am Geländer. Kevin und ich waren über die Geschwindigkeit und das Geschick der Tiere überrascht. Auf ihrem Geländer öffnete sie die original verschlossene Wasserflasche mit Drehverschluss, so dass das Wasser daraus spritze, anschließend trank sie gierig aus der Flasche und reichte sie weiter zu ihrem Jungen, das auch schon perfekt daraus trinken konnte. So schnell lernen diese gewieften Tiere.

Der Mann vor uns zeigte Humor und lachte über diesen Diebstahl, wollte erst die Flasche holen, nachdem der Affe aber daraus getrunken hatte, ließ er davon ab und lief langsam weiter. Keine zehn Stufen weiter sprang der nächste Affe auf seinen Rucksack und klaute seine Kappe und riss die Brille von seiner Nase. Nun war Schluss mit lustig, der Mann rannte dem Affen hinterher und wollte alles zurück holen. Der Affe war in Windeseile zwanzig Meter weiter gerannt und saß auf einem Felsvorsprung, der unerreichbar für den Herren war. Der Affe musterte sein Diebesgut, nachdem er feststellte, dass es für ihn nichts brauchbares war, ließ er es einfach los und so fiel alles zwischen die Felsen in die Tiefe und die Brille zerschellte am Fels. Wütend und laut meckernd lief der Mann weiter. Für ihn war der Tag sicherlich gelaufen, denn gleich zweimal so eine Attacke, das ist schon der Hammer. Wir waren auf jeden Fall extrem wachsam, denn wir sahen die Schnelligkeit, Geschicklichkeit und geistige Leistungsstärke dieser cleveren Makaken. Es blieb nicht bei diesem Diebstahl durch die Affen.

Wir erreichten nach den vielen Stufen die erste große Grotte. Durch einen goldenen, steinernen Torbogen mit zwei mal fünf Rundsäulen erreichten wir das Plateau der Grotte. Vor dieser steht ein spitzer großer Fels mit einer sitzenden heiligen Figur. Der Weg führte rechts oder links um diesen Fels direkt in die sehr hohe Tropfsteinhöhle, die erst achtzehnhundertachtundsiebzig von dem Amerikaner William Hornaday entdeckt wurde. Dies war lange Zeit nachdem die Einheimischen ihre Rituale und Bräuche dort feierten. Bis zum heutigen Tag wird von Ende Januar bis Februar das "Thaipusam-Fest" dort gefeiert. Der einstige mutige und göttliche Krieger Murugan, der von dem Gott Shiva gesandt wurde, um den Devas im Krieg gegen die Asuras zu helfen, wird in diesem Zeitfenster geehrt, ebenso wie auch sein Sieg über den Dämonen Rakshasa. Die erste große Höhle besitzt weit oben eine natürliche Öffnung, so dass das Licht von dort und den Eingängen einfällt.

In der Tropfsteinhöhle befinden sich an den Seiten viele bunte Schreine und Statuen, die typisch für die hinduistische Glaubensrichtung sind. Die Figuren sind sehr schön im Detail ausgearbeitet und bunt bemalt. Das Höhlensystem Batu Caves beherbergt in den ersten zwei Höhlen, die über hundert Meter hoch sind, kulturell wertvolle Artefakte, wie Gemälde und Hindu-Statuen. In den weiterführenden Höhlensystem, das fast zwei Kilometer lang ist, sind nur die nackten Tropfsteinhöhlen zu sehen, die jedoch wegen der wertvollen Flora und Fauna nur mit einem Guide besucht werden dürfen. In der Höhle leben u.a. die heimische Gliederspinne, jede Menge Käfer und man findet selbstverständlich Fledermäuse in allen Arten, die in Malaysia natürlich vorkommen. Die einzigartigen Höhlen von Batu Caves sind über vierhundert Millionen Jahre alt und zeigen sehr schöne Felsformationen, so wie Stalaktiten u. Stalagmiten. Sehr zu empfehlen ist hier festes Schuhwerk und eine gute Taschenlampe. Wer nicht tiefer in das Höhlenlabyrinth einsteigen möchte, der sieht auch im allgemein zugänglichen Bereich viele Tiere, wie Schmetterlinge, Echsen, Käfer, Spinnen, Vögel, Fledermäuse und die cleveren Makaken. Auch der Kontrast und das Zusammenspiel zwischen den Felsen und dem Regenwald wird die Naturliebhaber begeistern.

Vor dieser Anlage, also auf dem Weg vom Bahnhof zur Hauptattraktion des Batu Caves sind noch weitere Tempel und Anlagen, die besichtigt werden können, da ist zum Beispiel der riesige Affengotte Hanuman. Dahinter die Ramayana Cave, in der eine weitere Höhle besichtigt werden kann, dies aber separaten Eintritt kostet. Es gibt noch Cave Villas, dort sind im Inneren ebenfalls Höhlen mit vielen Figuren aus dem Hinduismus, davor wurde ein Teich mit Koi-Fischen angelegt und ein Restaurant gebaut. Es gibt noch einen offenen Tempel der mit rotem hochglänzenden Granit am Fußboden belegt ist und am Eingang zwei betende Männer, vor den grünen Pfeilern stehen. Hier unbedingt vor dem Betreten die Schuhe ausziehen.

"KL-Sentral" in Kuala Lumpur   Unten: Batu Caves ....

Nun haben wir einen ersten Eindruck von Batu Caves und laufen wieder zurück zum Bahnhof, um von dort in die City u. anschließend in den bekannten Bereich Chinatown zu fahren.

Unterwegs betrachten wir noch den alten Bahnhof von Kuala Lumpur und die Kirche "Kirche der Heiligen Rosenkranz". Der "Alte Bahnhof" von Kuala Lumpur wurde im Jahre neunzehnhundertzehn, auf dem Areal des Vorgängerbahnhofs, errichtet und wurde bis zweitausendeins als Hauptbahnhof von Kuala Lumpur eingesetzt. Danach übernahm der Bahnhof KL-Sentral, der sich in Brickfields, einen knappen Kilometer weiter südlich befindet, diese Funktion. Der "Alte Bahnhof" erscheint als schlossähnliches, stilvolles, weißes Gebäude und fällt im Stadtbild, durch seine außergewöhnliche malerische Architektur, dem Betrachter sofort ins Auge. Der Entwurf dieses faszinierenden Gebäudes stammt aus der Feder von dem britischen Architekten Arthur Benison Hubback in anglo-asiatischem Design. Dieser Baustil wird auch Indo- oder Neu-Sarazenisch genannt, er findet sich in einigen Bauten aus dem späten neunzehnten und frühen zwanzigsten Jahrhundert, u.a. in der Stadt Kuala Lumpur. So kann dieser Baustil z.B. in der Jamek-Moschee, dem Alten Rathaus und dem Sultan Abdul Samad-Gebäude in dieser Stadt gefunden werden. Im Jahre neunzehnhundertsiebenundsechzig wurden im Nordflügel des "Alten Bahnhofs" Bürogebäude untergebracht, kurz danach entschied man sich das Gebäude zu modernisieren und zu restaurieren. Dabei bekam das Haus auch eine moderne Klimaanlage in den Warteräumen installiert, so wie die Einrichtung von Snack Bars und Infoständen. Im August zweitausendsieben, zum fünfzigsten Jubiläum der malaysischen Unabhängigkeit, wurde zum ersten Mal antikes Bahnzubehör zu Ausstellungszwecken in den "Alten Bahnhof" transportiert, darunter ein kleiner restaurierter Triebwagen und ein historisches Löschfahrzeug.

Seit zweitausendsieben wird die Bahnhofshalle und die Bahnsteige des "Alten Bahnhofes" als dauerhaftes Bahnhofsmuseum und Kulturzentrum verwendet. So gut wie alle Züge fahren mittlerweile über den KL-Sentral und werden dort abgefertigt, nur die lokalen Züge nutzen diesen "Alten Bahnhof" bis heute als Haltestelle. Der aktuelle Hauptbahnhof von Kuala Lumpur war ein richtiges Großprojekt, das von einem Gemeinschaftskonsortium um Malaysian Resources Corporation Berhad (MRCB), Keretapi Tanah Melayu Berhad (KTMB), dem malaysischen Eisenbahnunternehmen und Pembinaan Redzai Sdn Bhd geleitet wurde. Auf den ehemals alten Gleisanlagen, von über zweihundertneunzigtausend Quadratmeter, steht heute nicht nur das Bahnhofsgebäude, sondern auch moderne Hotels, Bürogebäude u. Einkaufszentren. Der Bahnhof KL-Sentral ist verkehrsgünstig sehr clever aufgebaut, denn in jedem der vier Ebenen werden andere Funktionen wahrgenommen. So ist auf der untersten Ebene die Anfahrt von Bussen und ein unsichtbarer Teil für die Reisenden dient als Zugdepot und Bahnbetriebswerk der Keretapi Tanah Melayu (KTM). Die zweite Ebene wird von den KTM Komuter-Zügen, der KLIA Ekspres und der KLIA Transit genutzt. Der KLIA Ekspres und der KLIA Transit sind Hochgeschwindigkeitslinien, die den internationalen Airport Kuala Lumpur anfahren. Auf der dritten Ebene befinden sich die Gleise und dessen Bahnsteige für den Fernverkehr der KTM. Von dort werden Großstädte der malaysische Westküste angefahren und es fahren Züge nach Singapur. Auf der vierten Ebene können Gäste mit der automatischen Stadtbahn, ohne Lockführer, der so genannten Kelana Jaya Line (ehemals Putra Line LRT) fahren, dies ist eine Mischung aus einer U-Bahn und Hochbahn. Des Weiteren ist hier die Verteilerebene für moderne Einkaufsmöglichkeiten u. viele Gastronomiebetriebe. Knapp zweihundert Meter entfernt vom KL-Sentral befindet sich eine Endstation der Einschienenbahn KL Monorail.

"Kirche der Heiligen Rosenkranz"   Chinatown Petaling Street

"Alter Bahnhof" von Kuala Lumpur   Unten: Chinatown

Die Kirche "Kirche der Heiligen Rosenkranz" ist ein relativ junges katholisches Gotteshaus, das durch Spenden gebaut wurde und in Kuala Lumpur steht. Ihr äußeres Erscheinungsbild ist geprägt durch ihre Grundfarbe weiß und gelb, so wie den großen chinesischen Schriften auf der Fassade. Die je drei verglasten Scheiben im unteren und oberen Stockwerk, der große Glockenturm und die seitlichen zierlichen Türmchen, die alle mit einem Kreuz auf der Spitze versehen sind, runden den Gesamteindruck ab. Sie ist eine von vielen schönen christlichen Kirchen in dieser Stadt.

Nun aber schnell nach Chinatown. Wir haben in diesem Stadtviertel das "Jalan Petaling" in der Petaling Street und den "Kasturi Walk" besucht, die besonders interessant in der Nacht sind. Da kommt die Atmosphäre, das bunte Treiben, die roten Lampen und das ganze Ambiente noch besser als am Tag zur Geltung. Das Herz des chinesischen Viertels ist ganz eindeutig die "Jalan Petaling" in der Petaling Street, hier ist der Mittelpunkt des lebhaften, farbenfrohen Chinatown. Es gibt hier eine Menge kleiner Modeläden und eine Markthalle die besonders frische Lebensmittel, aber auch Kleidung und Accessoires in großer Auswahl anbietet. Der ganz in der Nähe gelegene "Central Market" stellt viele Gemälde und Kunsthandwerk der lokalen Künstler aus, außerdem gibt es dort unzählige Stände mit verschiedenen Speiseangeboten, wie Nudel- oder Currygerichte. In dem chinesischen Viertel können aber auch einige kleinere Tempel besichtigt werden. Besonders beliebt sind, vor allem bei jungen Besuchern der Stadt oder Backpackern, die vielen kleinen Hotels in diesem Viertel, weil es ein besonderes Erlebnis ist und die Preise sehr niedrig sind. Was auch sehr interessant ist, für alle die auf Marken mit bekannten und teuren Labels stehen, aber möglichst wenig ausgeben möchten, die können hier in diesem Viertel nach Herzenslust shoppen.

Denn hier gibt es alle gefakten Waren die man sich nur denken kann, wie z.B. Designer-Uhren, Handys, T-Shirts, Jeans, Shorts, Badehosen, Krawatten, Gürtel, Taschen, Geldbörsen, Regenschirme, Tücher, Hüte, Kappen, Handtaschen, Spielzeug und noch weitaus mehr und alles mit Marken-Label zu besonders guten Preisen, aber nur für diejenigen, die gerne handeln. Wir sind hier gerne zu den vielen kleinen Fressständen gegangen und haben in die Töpfe geschaut, bzw. das eine oder andere probiert. Ich muss sagen, das alles frisch und gut verträglich war, auch wenn es manchmal nicht danach aussah. Teilweise sind die Geschäfte oder Fressstände überdacht, so dass man auch bei nicht so gutem Wetter alles in Ruhe genießen kann. Wir haben hier im Chinaviertel mehrfach gegessen, weil es gut und günstig war, es aber auch eine große Auswahl gab. Vor allem freuten wir uns immer auf das kühle große Bier, denn hier in diesem Viertel ist es deutlich günstiger als sonst wo in Kuala Lumpur. Bier ist in der Stadt und im ganzen Land sehr teuer, weil der Staat hier sehr hohe Steuern für das Produkt verlangt. Ebenso kann hier in einigen Läden günstiger chinesischer Schnaps gekauft werden, für diejenigen die so etwas mögen, vielleicht ganz gut zu wissen. Wir sind immer gern in den großen überdachten Innenhof gegangen, der im Zentrum runde Holztische und weiße Kunststoffstühle hatte, weil hier die umlaufend gelegenen Küchen alle Speisen gut mit Fotos und Preise ausgestellt hatten, es sauber war, eine sehr große Auswahl an gekochten, gegrillten oder gebratenen Gerichten zur Verfügung stand und in Ruhe am Tisch gegessen werden konnte. Als gutes Beispiel ist der gegrillte Hühnerfuß, der übrigens nach dem Grillen vor den Gästen klein gehackt, mit Gurken, Tomaten, Gemüse, Fladenbrot und einer Suppe serviert wird.

Bei so vielen Menschen auf engstem Raum, sollte nur so viel wie nötig mitgenommen werden, denn dies weckt Begehrlichkeiten und die Taschendiebe sind hier verstärkt unterwegs.

Die vielen jungen Masseusen im Chinaviertel wollten Kevin immer eine "Massage mit Happyend" für sehr wenig Geld anbieten und lachten dabei stets ganz schelmisch. Egal, ob mit oder ohne Happyend, hier werden von vielen, zum Teil sehr gut aussehenden jungen Damen Massagen angeboten. Da wir diese Dienstleistung nicht nutzen, können wir keine Bewertung dazu abgeben. Aber es gab genug allein reisende Herren, die ganz begeistert über so einer Massage sprachen.

Nach dem Besuch und der Besichtigung, so wie dem Essen in dem Bezirk Chinatown, liefen wir zum Treffpunkt der Abfahrtstelle des Hotelbusses und fuhren mit diesem zurück in unser schönes fünf Sterne Golf Hotel.

Dies war wiedermal ein sehr schöner, interessanter und spannender Tag in Kuala Lumpur, der Hauptstadt von Malaysia. Am Abend hüpften wir wieder in den erfrischenden Außenpool und tranken vor dem schlafen gehen noch ein großes Glas Kola-Whisky, mit dem kalten Eis vom Hotel. Kevin war noch fit und ging alleine zur Hotelbar, er gönnte sich dort ein paar kühle Bier. Ich war müde vom Tag und ging lieber gleich ins Bett und schlief sofort, vor Erschöpfung, ein. Denn an diesem Tag haben wir viele Kilometer zu Fuß zurück gelegt, der Kopf war immer in Arbeit mit den vielen neuen und interessanten Eindrücken. Dazu kamen noch die hohe Luftfeuchtigkeit und die hohen Temperaturen, die den Körper zur Ruhe und Erholung zwang.

Der nächste Morgen begann wieder früh und das morgendliche Ritual wiederholte sich. Ich war erstaunt, wie fit Kevin war, trotz der sehr kurzen Nacht, denn er hatte maximal fünf Stunden Schlaf hinter sich und ordentlich was getrunken. Heute haben wir "Bukit Tabur West" auf dem Plan, wir wollen dort eine eigene Dschungelsafari unternehmen. Dazu hatten wir Zuhause schon einen detaillierten Plan ausgearbeitet.

Der Tagesplan war, wir fahren mit dem Hotelbus zum Zentralbahnhof, kaufen uns ein Ticket nach Bukit Tabur West, steigen um in den Bus und fahren bis zum Ortsrand, dort wollen wir durch den Regenwald wandern und die Felsen erklimmen, anschließend das ganze zurück. Wir hatten uns den ganzen Tag dafür reserviert und freuten uns sehr auf die Natur. Den Rucksack mit Wasserflaschen und Nahrungsmittel gepackt starten wir unsere Tour.

Erstaunlicher Weise klappte alles perfekt mit dem Zug und Bus. Im Zentrum des Ortes, nach der Haltestelle standen große, dreistöckige und sehr einfache Häuser, ein wenig schäbig. Zwischen den Häuserreihen verlief ein betonierter Abwasser-graben, das alles wirkte auf uns nicht sehr gut und wir wollten nicht wissen wer in solchen einfachen und defekten Häusern leben muss. Weiter auf dem Weg zum Ortsrand liefen wir durch ein sehr schönes und modernes Wohnviertel mit lauter gepflegten Häusern mit schönen Vorgärten. Hier konnten wir die grünen, hohen Berge, mit den umlaufenden braunen Felsen schon gut sehen, leider hatten wir noch dichten Bodennebel und deshalb war alles ein wenig unklar. Am Ortsrand selbst, kurz vor dem Dschungel wurden die Häuser wieder sehr einfach. Dann entdeckten wir den Weg über eine Brücke und wir liefen aus dem Ortsrand u. folgten den Trampelpfaden der großen Pipeline. Dort waren rote Warnschilder angebracht, dass der Weg gefährlich ist und deshalb gesperrt wurde. Rot-Weiße durchgerissene Sperrbänder, aus Kunststoff, flatterten an den Sträuchern und Bäumen. Wir zwei waren uns einig, hier sollte der richtige Pfad sein. Wir liefen an den Bändern vorbei und folgen dem Pfad im Dschungel. Dann gabelte sich der Weg, wir entschieden uns für die rechte Seite, weil die steil bergauf ging. Folgten dem Weg weiter, der später über eine Lichtung, dann über eine Wiese und wieder in den Dschungel verlief.

Unterwegs sahen wir viele Tiere und Pflanzen, darunter
waren die uns bekannten Papaya, Durian oder Stinkefrucht,
eine Art Litschi, usw.. An Tieren sahen wir verschiedene Vögel,
darunter einen sehr schönen blau-braun-weißen Eisvogel, so
wie Echsen und jede Menge Krabbeltiere und Schmetterlinge.
Ich sagte noch zu Kevin, wir müssen nach unten schauen,
nicht dass wir versehentlich auf eine giftige Schlange treten.

Nach einer guten Stunde konnten wir frei nach oben
schauen und bemerkten, dass wir am Berg vorbei liefen.
Deshalb entschieden wir uns umzudrehen und an der Gabelung,
vor einer Stunde, den linken Pfad weiter zu verfolgen. Wie
sich später heraus stellte, war das die richtige Entscheidung.
Die Sonne stieg weiter hinauf und es wurde unerträglich feucht
und warm, dazu noch die körperliche Anstrengung. Unsere
Kleidung war schon relativ gut vom Schweiß durchnässt.
Wir tranken einen Liter Wasser nach dem anderen, aber
der Durst wollte nicht weichen, der Schweiß ran uns übers
Gesicht und tropfte am Kinn ab. Nachdem wir die Gabelung
des Pfades erreicht hatten, bogen wir links ab und liefen ein
ganzes Stück mit leichter Steigung, bis der Pfad an einem
steilen Hang mit vielen Wurzeln und ein paar Steinen endete.

Wir kletterten den steilen Hang mit den Wurzeln hinauf,
anschließend an den senkrechten Felswänden vorbei, die kaum
zwanzig Zentimeter Platz zum Laufen zuließen und nach unten
ungefähr fünfzehn Meter senkrecht verliefen. Hier durfte man
nicht ausrutschen oder ein Stück Fels abbrechen, das würden
wir nicht überleben und mit schneller Hilfe ist hier auch nicht
zu rechnen, denn wir hatten seit dem Ortsausgang niemanden
mehr gesehen und das nach mehreren Stunden Fußmarsch.
Nun mussten wir uns auch noch an den Felswänden, mit Hilfe
der Äste hinauf ziehen, das kostete uns die letzte Kraft und
natürlich die Überwindung des inneren Schweinehundes.

Das war alles andere als ungefährlich, nun erinnerte ich mich deutlich an die Verbotsschilder, die zu Recht aufgestellt waren, denn wer hier verunglückt, der kann unter Umständen sein Leben abschließen. Unsere Kleidung war inzwischen klatschnass und das Wasser war aufgebraucht.

Die Sonne schien nur stellenweise durch das Blätterdach, trotzdem war die schwüle Luft und die Temperatur, bei der körperlichen Anstrengung, unerträglich. Kevin ist nicht schwindelfrei, aber er kämpfte sich trotzdem tapfer über die Wurzeln und die Felsen, die Erleichterung stand in seinem Gesicht, als wir das Felsplateau erreicht hatten und die Aussicht zur Stadt und in die Ferne genießen konnten. Leider konnten wir nicht allzu viel sehen, weil der Bodennebel und die Luftfeuchtigkeit eine Fernsicht nicht recht zulassen wollte. Ich schoss trotzdem ein paar Fotos, in den zehn Minuten, die wir uns dort aufhielten. Dann traten wir den Rückweg an, als wir nach fünf Minuten einen "Tiger" brüllen hörten, ich kannte den Sound von den Sumatra-Tigern in der Stuttgarter Wilhelma. Das Brüllen war sehr laut und kräftig zu hören, wir bekamen Panik und kletterten, rannten so schnell es ging den Berg hinab. Das "Tigerbrüllen" wurde noch lauter und kam eindeutig näher. Kevin und ich schauten uns kurz an und uns war klar, wir müssen so schnell wie irgend möglich wieder in die Siedlung kommen. Es gab kein Missverständnis, es musste ein "Tiger" sein. Der Schweiß ran uns über die Haare, das Gesicht, die Kleidung war triefend nass, aber darauf konnten wir keine Rücksicht nehmen, denn das Gebrüll des "Tigers" war bedrohlich nahe zu hören. Ich wollte mir nicht vorstellen, falls so ein Tier vor uns steht, was tun, es gab keinen Ausweg. Wir rannten den kleinen Pfad hinunter, Kevin vor mir, ich bildete die Nachhut. Das eine oder andere Mal rutschten wir aus und stürzten fast zu Boden. Aber die pure, nackte Angst trieb uns immer weiter.

Dann hörten wir das Gebrüll des "Tigers" so laut, das wir meinten er steht gleich hinter den Büschen im dichten Dschungel. Wir rannten was das Zeug hielt, es wurde ruhig, wir trauten uns nicht umzudrehen. Ich dachte mir, wenn dann erwischt der "Tiger" mich, da ich der letzte war und mein Sohn konnte dem Tod von der Schippe springen.

So rannten wir bestimmt zehn Minuten den Pfad entlang und unsere Herzen schlugen bis zum Hals, das Blut pochte in den Adern, das Luft holen fiel schwer und war schmerzlich. Aber dies alles war unwichtig, wir rannten um unser Leben und da nützte alles jammern nichts. Da wir schon eine Weile nichts mehr hörten und die Kräfte deutlich nachließen, der Kreislauf kurz vor dem Zusammenbruch war, reduzierten wir die Geschwindigkeit und kamen vom Sprint zum schnellen Joggen. Das ging eine ganze Weile so, bis wir aus der Ferne Kindergeschrei hörten. Wir änderten die Richtung und liefen zu den Stimmen. Denn eins war klar, die Menschen die hier leben, die wissen wo man sich ohne Gefahr aufhalten kann. Als wir den Stimmen näher kamen sahen wir aus der Ferne, Kinder die im frischen Bachlauf, der sich zu einem kleinen See bildete, spielten. Uns fiel ein Stein vom Herzen und wir liefen erleichtert, aber immer noch mit schlotternden Knien, zu den spielenden Kindern, die sich glücklich am frischen Wasser erfreuten. Da wir sowieso komplett durchgeschwitzt und nass waren, zogen wir uns ein paar Meter von den Kindern entfernt aus und badeten in dem erfrischenden kleinen See, im glasklaren Süßwasser. Das war so etwas von erfrischend, das kann keiner mit Worten beschreiben, vor allem durch die Entschleunigung und die Wegnahme der Angst, die wir kurz zuvor hatten. Wir genossen sehr lange das Bad in dem kleinen See und wuschen zuvor unsere Kleidung und legten diese zum Trocknen aus. Leider trocknete die Kleidung nicht bei der hohen Luftfeuchtigkeit, zumindest nicht dort wo wir waren.

Als wir wieder entspannt und erfrischt waren, zogen wir unsere nassen Kleidungsstücke an und machten uns, dem Bachlauf folgend, auf den Weg, vermutlich Richtung Stadt. Denn sehen konnten wir die Stadt durch das dichte Blätterdach des Dschungel nicht. Aber vermutlich ist dies der Bach der zu Beginn unserer kleinen Expedition unter der Brücke floss.

Unterwegs sahen wir immer mehr kleine Teiche und Seen, die gefüllt mit dem glasklaren Wasser aus den Bergen gespeist wurden. Das eine oder andere Mal waren vereinzelt Menschen im Wasser um sich zu erfrischen. Am letzten kleinen See stand eine sehr einfache Hütte aus Holz, die mit hell- und dunkelblauen Kunststoffplanen bedeckt war. Das Schnarchen eines alten Mannes war laut und deutlich daraus zu hören. Als wir näher kamen schaute er aus der Hütte und prüfte ob seine Hühner noch alle auf dem Gelände waren. Wir waren zwar hungrig, aber armen, alten Menschen die Hühner zu stehlen lag uns sehr fern. Zufrieden stellte der alte Mann fest, dass nichts fehlte und winkte uns freundlich mit der rechten Hand zu. Wir wechselten ein paar freundliche Worte u. gingen dann weiter flussabwärts, um unseren Ausgangspunkt zu finden.

Ein paar hundert Meter weiter sahen wir vier spielende kleine Jungs mit einer orangen Schubkarre, einer davon hatte eine Hacke dabei. Vermutlich bekamen sie den Auftrag von ihren Eltern, mit der Schubkarre Futter für ihre Tiere, aus dem Dschungel, zu holen. Gleichzeitig entdeckten wir die dicke Pipeline, nun war uns klar wo wir uns befanden. Noch ein paar Meter durch den Dschungel, über die Brücke und dann sind wir wieder am Ortsrand, wo wir unsere kleine Dschungelexpedition gestartet hatten. Nass, aber erleichtert liefen wir durch die Stadt, den gleichen Weg den wir gekommen waren. An der Bußhaltestelle warteten wir nochmal dreißig Minuten und versuchten in der Zwischenzeit unsere nassen T-Shirts auf dem Rasen zu trocknen, half aber leider nichts.

Ich hatte schon die Befürchtung, dass wir in dem klimatisierten und stark gekühlten Bus und Zug uns eine Erkältung einfangen. In unserem Hotel angekommen, tranken wir etwas und machten es uns anschließend am Pool bequem. Wir lagen auf den gemütlichen Liegen in der warmen Sonne und genossen sie.

Am Abend fuhren wir wieder in unsere Chinatown Kneipe, bestellten was leckeres zu essen und tranken ein großes kühles Bier dazu, dass wir uns heute auch redlich verdient hatten. In der Nacht kamen wir wieder ins Hotel zurück und fielen erschöpft und todmüde ins Bett, wir schliefen sogar bis zum Wecken durch. Bei dem anstrengenden Tag, auch kein Wunder.

Am nächsten Morgen standen wir wieder früh auf, genossen ein sehr gutes Frühstück, in unserem fünf Sterne Golf Hotel. Anschließend schnappten wir unsere Rucksäcke und starteten die Tagestour, die heute an den Stadtstrand von Kuala Lumpur führt. Natürlich erst nach dem Zähneputzen.

Es gibt grundsätzlich vier Möglichkeiten, um an den dreiund-neunzig Kilometer entfernten Stadtstrand zu gelangen, jedes Transportmittel hat seine ganz besonderen Vorteile. Die schnellste und günstigste Fahrt wäre mit dem eigenen Pkw, die nur das Benzingeld von etwa drei bis sechs Euro beträgt, je nach Automodell. Dazu wird eine gute Stunde mit dem Auto benötigt. Als weitere Alternative wäre das Taxi zu nennen, das in etwa fünfunddreißig bis fünfundvierzig Euro kostet. Dann gibt es noch die Kombinationen mit dem Zug und Bus zu fahren. Am besten ist hier die Tour vom KL-Sentral Bahnhof mit dem Zug zur Ortschaft Seremban, die genau eine Stunde und vierunddreißig Minuten dauert und im Mittel das Zugticket für zwei Euro und fünfzig erhältlich ist. Der stündlich fahrende Zug schwankt preislich wegen der Tageszeit, Wochenzeit und der Art des Verkehrsmittels.

Ab Seremban ist es ratsam den direkten Bus nach Port Dickson zu nehmen, dieser fährt alle dreißig Minuten und kostet rund ein Euro, er benötigt dafür eine Stunde Fahrzeit.

Optional ist die Möglichkeit mit dem Bus von Seremban bis Teluk Keman zu fahren, der die Strecke alle dreißig Minuten, in fünfundvierzig Minuten Fahrzeit für einen Euro zurück legt. Anschließend mit dem nächsten lokalen Bus oder dem Taxi bis Port Dickson weiter fahren. Diese Variante haben wir ausgewählt, weil wir den Direktbus knapp verpasst hatten und der nächste ausnahmsweise erst wieder in einer Stunde fuhr und wir nicht so lange warten wollten. Wir sind auch nicht vom KL-Sentral gestartet, sondern von dem nächsten Bahnhof, der von unserer Unterkunft Richtung Seremban lag, einfach um die Fahrzeit zu reduzieren. Als letztes gibt es noch die Möglichkeit mit dem Bus direkt vom KL-Sentral nach Port Dickson zu fahren, dafür bezahlt man im Mittel drei Euro fünfzig und ist über drei Stunden und zweiundzwanzig Minuten unterwegs.

Die Zugfahrt nach Seremban funktionierte sehr gut und pünktlich, zudem waren die Züge in einem sehr guten und neuwertigen Zustand. Hier müssen wir die Züge, Ausstattung und ihre Pünktlichkeit in und um Kuala Lumpur loben.

Die Überlandfahrt mit dem Bus von Seremban nach Teluk Kemang erfolgte auch pünktlich und wurde in einem halbwegs guten Bus durchgeführt. Es waren sehr viele Soldaten und Schüler im Bus, deshalb bekamen wir leider keinen Sitzplatz. Nach zwei Minuten Fahrt bot mir ein junger Soldat sehr höflich und in bestem Englisch seinen Sitzplatz an, da die Fahrt noch fast eine Stunde dauern würde, nahm ich dankend an und unterhielt mich mit dem jungen Soldaten. Er und seine Kammeraden waren unterwegs zur Offiziersschule des Militärs in dieser Gegend.

Die jungen Soldaten hinterließen auf uns einen sehr korrekten und fröhlichen Eindruck und es war auch ein wenig stolz auf ihr Land zu spüren, dies gefiel uns gut. Alle gingen gerne in die Offiziersschule und wollten danach auch Soldat bleiben. Ich hingegen kam mir das erste Mal in meinem Leben richtig alt vor, denn in Deutschland bot mir noch nie ein junger Mensch einen Sitzplatz in einem überfüllten Zug oder Bus an. Mir schien die Erziehung der jungen Männer sehr gelungen, sie waren korrekt, zuvorkommend, respektvoll, höflich und freundlich. So wie man sich junge Menschen und Offiziere vorstellt. Nach der halben Fahrzeit stieg die ganze Meute der Soldaten aus und der Bus war nur noch halb gefüllt, so konnte jeder auf einem Sitzplatz Platz nehmen und die Fahrt bequem fortsetzen. In der nächsten Zeit waren wir damit beschäftigt, die Fragen der Schüler aus den Oberstufen zu beantworten. Es war erstaunlich, weder die Mädchen noch die Jungs waren schüchtern oder verklemmt, nein, sie nutzen die Gelegenheit, um sich mit Personen aus Europa in englischer Sprache zu unterhalten. Auch das fand ich sehr erstaunlich, bei uns würden die meisten Schüler nur in ihr Handy schauen und maximal nach der Haltestelle, vor dem Stopp des Zuges oder Busses. Hier war es der reinste Wettbewerb, nach dem Motto, wer am meisten Fragen an die Ausländer stellte und im Gespräch blieb.

Der Bus war pünktlich in Seremban, aber wie schon geschrieben, hätten wir auf den Direktbus über eine Stunde warten sollen und der Bus über Teluk Kemang startete in ein paar Minuten. So kauften wir das Ticket und fuhren sofort mit diesem Bus weiter. Auch dieser Bus kam pünktlich am Ziel an und war komfortabel und ordentlich, die Fahrt ebenfalls kurzweilig. Mit so einer Art Stadtbus fuhren wir anschließend von Teluk Kemang bis Port Dickson an den Strand. Dieser Bus war das absolute Gegenteil von den bisherigen Fahrzeugen.

Es war ein lokaler alter vergammelter, fast schrottreifer Bus, mit dem das Busunternehmen nicht glänzen konnte. Die Farbe des Fahrzeugs stark verblasst, die Bremsen quietschten und alles andere schepperte und klapperte über die ganze Fahrzeit. Die vielen Roststellen waren unbehandelt und der Rost fraß sich ungehindert weiter durch das Blech des uralten Busses. Der Busfahrer war ein lustiger Vogel und nahm die Arbeit nicht ganz so genau. Er stoppte für die Gäste mal hier und dort außer planmäßig. War aber sehr kundenorientiert und ein wenig Hippie-Typ, er passte sozusagen hundert Prozent zum alten Fahrzeug. Bevor wir ausstiegen, fragten wir jeweils noch nach den letzten, bzw. vorletzten Bussen und Zügen, denn wir wollten auf jeden Fall an diesem Tag wieder im Hotel sein. So entschieden wir uns für die Rückfahrt immer für die vorletzten Fahrten, damit wir noch zeitliche Sicherheit haben.

Am Ziel Port Dickson, das direkt am Badestrand lag, stiegen wir aus, nachdem uns der hilfsbereite Fahrer dazu das Handzeichen gab und uns einen schönen Tag am Beach wünschte. Kevin und ich liefen neugierig zum hellen Sandstrand. Schauten uns ein paar Minuten um und freuten uns, dass wir es auf Anhieb geschafft hatten, hier her zu finden. Rückblickend muss ich sagen, dass die Fahrt sehr angenehm war, denn in allen Verkehrsmitteln funktionierte die Klimaanlage u. die Fahrzeuge waren sehr modern, bis auf den letzten Bus. Die Bucht besteht aus einem sehr langen u. breiten Sandstrand, der an beiden Enden einen Bogen wie eine U-Form besitzt. Im flachen Wasser ist ebenfalls nur Sand, es sind keine Steine oder Felsen im Meer, an denen man sich verletzen könnte. An diesem Tag war der Strand einigermaßen wenig besucht und wir hatten viel Platz um uns herum und mussten nirgends warten oder gar anstehen. Die Bademode hier ist ein wenig geschlossener als bei uns zuhause, aber wir kannten das schon von den Gästen an unserem Hotelpool.

Anfangs dachten wir immer, die Einheimischen gehen mit ihrer Straßenkleidung ins Meer zum Schwimmen, aber dies ist nicht der Fall, es ist nur eine andere Bademode. Üblicherweise schaut bei den Frauen nur das Gesicht und die Füße, teilweise die Hände aus dem Badeanzug hervor. Gern wird ein enges schwarzes Kleidungsstück als Basis angezogen und darüber etwas locker fallender bunter Stoff, so dass die interessanten weiblichen Konturen nicht klar zu erkennen sind. In unserem Hotel wurden alle erlaubten Varianten der Bademoden auf einer großen Tafel in Bild und Text erklärt, so durfte ein sehr kleiner Bikini, Badeanzug oder Tankini nach westlichen Vorstellungen getragen werden, ebenso die vielen Varianten der muslimisch zulässigen Bademode. Deshalb kennen wir uns über erlaubte Bademoden in Malaysia gut aus.

Für den Wasserspaß werden alle möglichen Dinge angeboten, die den Erwachsenen und den Kindern Freude bereiten, ob es ein Motorboot, ein Bananenboot, Schlauchboot, Surfbrett oder nur ein einfacher Schwimmring ist, alles steht zum Verleih zur Verfügung. Auch große Strandpavillons, Stühle und Tische werden für wenig Geld zum Mieten angeboten, was bei dieser Sonnenkraft auch dringend erforderlich ist. Es werden überall einfache und leckere Speisen und Getränke, in kleinen Restaurants oder Fressbuden, angeboten.

Da wir schon wieder mächtig Hunger und Durst hatten, haben wir uns ein schönes schattiges Plätzchen in einem kleinen und einfachen, aber sehr ordentlichen und sauberen Minirestaurant, das mehr oder weniger aus einer Wand und einer Überdachung bestand, es uns gemütlich gemacht. Wir bestellten von der Eigentümerin je ein Hamburger und Kola. Sie fragte, die Kola mit Eis, Kevin und ich schauten uns an und meinten, ja gern. Wir fragten aber noch, ob das Eis aus Leitungswasser besteht, sie meinte, nein wir nehmen hier nur Mineralwasser dafür.

Da wir die einzigen Gäste, so früh zum Mittagessen waren, konnten wir uns einen der vier leeren Tische aussuchen und die Ladenbesitzerin schenkte uns ihre volle Aufmerksamkeit. Sie brachte schnell zwei große Gläser, die bis zum oberen Rand mit sauberen kleinen Eiswürfeln gefüllt waren und in der Mitte steckte ein dicker, bunter Trinkhalm, sogar mit einem Papierschutz über dem Mundstück. Als nächstes folgte die große, kalte, geschlossenen Dose mit Kola, die sie erst vor unseren Augen öffnete und hinstellte, bzw. nach unserer Zustimmung in das Trinkglas mit Eis einschenkte. Solange wir die erste Kola genossen, bereitete die gute Frau unsere Burger zu. Als die lecker aussehenden Burger serviert wurden, bestellten wir nochmal eine erfrischende Kola, denn es war warm. Alles schmeckte prima und zu unserer Zufriedenheit. Nach dem Essen ging es an und in das Meer, was man eigentlich nicht gleich danach tun sollte, aber wir aßen nicht so viel und gingen die Sache langsam an. Es war herrlich im erfrischenden Meer zu baden und ein wenig zu schwimmen. Das war endlich mal Entspannung pur und totales relaxen.

Nach dem ausgiebigen Baden und Schwimmen, zogen wir uns wieder ein T-Shirt über und liefen den Strand und die Promenade ab. Es gab viel zu sehen, da war zum Beispiel der Bademeister in seinem super modernen Turm, der unten auf vier rechtwinkligen Betonpfeilern stand und oben einen viereckigen betonierten Raum mit umlaufendem Geländer besaß. Den Abschluss bildete ein mehrfach verwinkeltes Blechdach. Der moderne orangenfarbene Turm des Bademeisters stand mitten in einer ummauerten Anlage die nur zum Festland mit einem weißen Metalltor zu öffnen war. In dieser orangenfarbenen Minianlage standen noch zwei einfache Flachdachgebäude die als Vesperraum und zur Unterbringung verschiedener Gegenstände dienten.
Aber der absolute Kracher war das Surfbrett an der Wand, mit der Aufschrift "Baywatch Menara 3".

Wir unterhielten uns kurz mit dem Bademeister, der natürlich auch ein orangenfarbenes Oberteil, passend zur Anlage trug. Natürlich fehlte die Kappe und die coole Sonnenbrille nicht.

Wir liefen weiter und entdeckten ein kleines Restaurant, das frische Kokosnüsse anbot, da konnten wir nicht widerstehen. Wir kauften zwei Stück, die der junge Kellner, nach unserer Auswahl vom Stamm trennte und geschickt öffnete, so dass kein einziger Tropfen, von der bis zum Rand gefüllten Kokosnuss, verloren ging. Wir wurden gebeten uns in das überdachte Open-Air-Restaurant zu setzen, um dort die Kokosnüsse zu genießen. Er brachte anschließend flink die zwei Kokosnüsse mit geschützten Trinkhalm, wie zuvor die Kola und erklärte uns ganz genau wie wir dies trinken / essen sollten. Zuerst den Saft der Kokosnuss gemütlich austrinken und zum Schluss mit dem Löffel, den der Kellner mitbrachte, das weiche, zarte und dünne Kokosfleisch von der Innenseite auskratzen und essen. Genau so machten wir das, dabei wurden wir kritisch vom Kellner beobachtet, da wir aber alles richtig machten, zeigte er uns den Daumen hoch u. freute sich für uns.

Wir schlenderten weiter und fanden einen Stand, an dem ganz frische Durian, oder auch Stinkfrucht genannt, geöffnet und in Kunststofftüten proportioniert wurden. Natürlich konnten wir auch hier nicht widerstehen und kauften ein paar Stücke, ohne Folie, direkt auf einem Teller, zum Verzehr vor Ort. Die waren frisch, süß und lecker, einfach fantastisch und stanken kaum.

Auf unserem weiteren Weg an der Strandpromenade waren noch eine ganze Menge verschiedener kleiner Geschäfte zu entdecken, mit süßen Getränken aller Art, Süßigkeiten, Backwaren, oder Grillgut in allen Farben, Formen u. Varianten. Es sah alles sehr lecker aus, aber wir waren schon so satt und konnten deshalb leider nichts mehr probieren. Nur eines gab es nicht, das war Bier, Wein, Schnaps oder andere Alkoholikas.

Aber dies war kein Problem für uns, denn auch eine kalte Kola, eine Kokosnuss, Wasser oder eine Zitronenlimonade ist i.O. bei diesen hohen Temperaturen.

Wir liefen noch ein wenig durch die Gegend in der die schönen Hotels standen und schauten uns eines davon an. Da ich dringend auf die Toilette musste, fragte ich an der Rezeption, ob dies eventuell möglich sei. Die strahlend, freundliche, junge Frau an der Rezeption erwiderte, das dies doch selbstverständlich benützt werden darf. Natürlich fiel Kevin erst bei meiner Rückkehr ein, das er auch müsse und sich schließlich auf das stille Örtchen begab. Ich wartete an der Rezeption bis Kevin fertig war, da sprach mich die junge Frau an und unterhielt sich ein wenig mit mir. Ich teilte ihr mit, dass dies eine sehr schöne Anlage ist und sicherlich gut besucht wird. Sie bestätigte dies und meinte, wir können gern die Poolanlage, die Duschen und so weiter kostenfrei benützen, Handtücher gibt es beim Towel-Manager dazu. Ich fragte sie, ob sie uns ein wenig ärgern möchte, denn gratis gibt es so etwas nirgends, schon gar nicht, wenn man kein Gast im Hotel ist. Sie gab zur Antwort, doch in meinem Hotel gibt es so etwas und wir dürfen dies benützen und erleben und sie würde sich freuen, wenn wir dies in Anspruch nehmen. Ich erklärte Kevin alles, er meinte nur zu mir, was hast du denn da wieder getrickst und zwinkerte mir mit einem Auge zu. So liefen wir zum Pool, holten uns je ein Handtuch vom Towel-Manager und genossen eine Zeitlang den schönen Pool und das Hotel. Als wir uns auf den Weg machten, um die Heimfahrt anzutreten, liefen wir selbstverständlich an der Rezeption vorbei und bedankten uns ausgiebig bei der jungen, hübschen Hotelbesitzerin.
Nach kurzem Gespräch, gab sie uns ihre Visitenkarte u. meinte freudestrahlend, sie würde sich sehr freuen, wenn wir mal wieder hier vorbei kommen und eventuell etwas länger blieben.

Das war so herrlich zweideutig eindeutig, dass ich mich freudestrahlend verabschiedete und zu ihr sagte, das werden wir auf jeden Fall tun, wenn wir in der Gegend sind.

Dann aber mussten wir dringend zum Bus, denn viel Zeit hatten wir nicht mehr und verpassen war keine Option. Wir beeilten uns und kamen gerade rechtzeitig, als uns der Hippie am Lenkrad begrüßte und uns hinein winkte. Als wir das Ticket bezahlen wollten, winkte er uns ganz cool durch und freute sich auf das Wiedersehen u. ein paar Worte mit uns. So kamen wir tatsächlich pünktlich in unser Hotel zurück, genauso wie wir auf dem Hinweg, nur eben entgegengesetzt. Das war ein toller und entspannter Tag am Port Dickson Bay. Wenn wir etwas mehr Zeit gehabt hätten, wären wir gerne noch einmal einen Tag dort hingefahren und hätten alles genossen. Leider reichte unser enger Terminplan in Kuala Lumpur nicht.

Bevor wir mit dem Taxi von unserem Start-Bahnhof, nahe dem Hotel, wieder zurück zum fünf Sterne Resort fuhren, haben wir in der Bahnhofsnähe in einem kleinen Speiselokal noch etwas gegessen und getrunken. Um genau zu sein Kevin orderte eine Hühnersuppe mit Reis und frischem Brot dazu, ich nahm den Rindereintopf ohne Brot. Aber für beide ein schönes, kühles und großes Bier zur Abrundung des Tages. Das Essen war sehr günstig, einfach reserviert, aber trotzdem gut im Geschmack. Nach der kurzen Fahrt mit dem Taxi, sind wir aufs Zimmer gegangen und haben unsere Rucksäcke abgestellt und den Rest vom Whisky mit Kola getrunken, natürlich mit Eiswürfel.

Nach der ausgiebigen Kola-Whisky Runde ging ich ins Bett, um für den nächsten Tag gerüstet zu sein. Kevin hingegen lief alleine zur Hotelbar, um dort noch ein Bierchen zu genießen. Für Kevin wurde es sehr spät, um nicht zu sagen, das Bett hat sich für, ihn in dieser Nacht, nicht mehr gelohnt. Aber so sind die jungen Menschen, die können doch einiges mehr vertragen.

Sicht vom Startbahnhof in Kuala Lumpur nach Port Dickson

Am nächsten Morgen schliefen wir uns ausnahmsweise aus und gingen anschließend, wie immer, gut frühstücken. Unser Kellner freute sich wie jeden Morgen und brachte uns gleich den frischen Cappuccino, ohne dass wir etwas sagen mussten. Alles zum Frühstück war gut eingespielt, er brachte immer automatisch einen frischen, wenn bei einem von uns die Tasse leer war. Der Koch, der die Omelette frisch zubereitete, wusste auch schon von jedem seine Wünsche und es lief alles schnell und einfach ab. Nach kurzer Abstimmung am Frühstückstisch, orderten wir den Bus zur IOI Shopping Mall, denn die war heute u.a. unser Ziel.

Die Fahrt zur IOI Shopping Mall verlief unkompliziert und schnell. Der Fahrer des Hotelbusses ließ uns direkt am Eingang der Shopping Mall aus dem Fahrzeug, so dass wir keine Zeit verlieren würden und direkt in die Mall hinein gehen konnten. Die Mall befindet sich im Bundesgebiet Putrajaya und der gleichnamigen Stadt, die ungefähr fünfundzwanzig Kilometer südlich von Kuala Lumpur liegt. Sie ist eine der größten und modernsten Shopping Malls von Malaysia und erstreckt sich über eine Fläche von ungefähr zweihundertfünftausend Quadratmeter. Sie liegt mitten in der neunzehnhundertfünfundneunzig gegründeten Planstadt Putrajaya. In der fünf stöckigen IOI Shopping Mall, die deutlich größer als das "SURIA KLCC" Shopping Center in Kuala Lumpur ist, gibt es über dreihundertfünfzig Shops und siebentausendzweihundert Parkplätze unter dem Gebäude. Das Gebäude wurde in nur sechzehn Monaten, in einer sieben Tage Woche, errichtet und im Jahr zweitausendzwölf von der Baufirma fertig gestellt. Die feierliche Eröffnung, des von der IOI Properties Group Berhad entwickelten Projektes, fand im Jahr zweitausendvierzehn statt. Zu den vielen Attraktionen für die Gäste zählt u.a. die riesengroße Eisfläche, auf denen die Gäste Schlittschuh laufen können, die aber auch für Eishockey Veranstaltungen genutzt wird.

Selbstverständlich wird im gesamten Einkaufscenter Free WIFI angeboten. Im Eingangsbereich stehen verschiedene Modelle, die u.a. die gesamte Planstadt Putrajaya im Bundesgebiet Putrajaya von Malaysia zeigen oder eben nur die IOI Shopping Mall mit ihren Hochhäusern. Im Eingangsbereich werden auch wir, nicht nur die Kinder, von einem lustigen Clown empfangen und mit bunten Luftballons versorgt, die wir selbstverständlich an die vielen Kinder in der Mall weiter verschenken. In der Mall ist alles sehr großzügig und super modern eingerichtet. Es lassen sich alle bekannten Marken finden, die man sich nur vorstellen kann und ich gehe davon aus, dass die meisten davon echt sind, auch wenn die Preise oftmals unter denen liegen, wie wir sie in Deutschland kennen. Wir bummeln durch alle Ebenen und schauen alles relativ schnell an, trotzdem dauerte unser Besuch in der Shopping Mall über vier Stunden. Ich glaube Frauen könnten dies nicht an einem Tag schaffen, weil es hier so viele tolle Produkte gibt.

Wir haben uns nur die Besonderheiten, aus unserer Sicht, näher angeschaut. So fanden wir beispielsweise ein Geschäft, das nur Reis verkauft. Dort werden diese Grundversorgungsprodukte in großen Kunststoffpaketen, mit genauer Angabe des Preises, der Qualität u. dessen kulinarischen Eigenschaften, angeboten. Ich habe dies in der Form noch nirgends gesehen, quasi ein Megastore im Megacenter, nur für Reis. So ein großer Sack, der würde bei uns Zuhause bestimmt über ein Jahr ausreichen.

Als nächstes fanden wir einen ganz fantastischen und sauberen Laden, der all seine Produkte auf frischem Eis u. sehr akkurat geordnet, zum Verkauf anbot. Darunter ist eine große Auswahl an Meerestieren, wie Muscheln, Krebse, Hummer und Fische in allen Größen, Formen und Farben, so wie Fleisch von allen möglichen Tieren, natürlich außer Schweinefleisch. Für uns waren die sauberen Hühnerfüße das Außergewöhnliche.

Mitten im Einkaufscenter war ein Stand installiert, der ganz frisches Milchspeiseeis und Softeis verkaufte, was ja noch nichts außergewöhnliches ist. Aber der Verkäufer warb für seine Spezialität, dies war das Milchspeiseeis oder Softeis mit der stark riechenden Durian oder der sogenannten Stinkfrucht. Das Fruchtfleisch der Durian war so gut aufbereitet, dass es im Speiseeis nicht unangenehm roch. Nun sollte man wissen, das in Ländern, in denen es Durian zu kaufen gibt, die Mitnahme in den meisten Hotels, mit Sicherheit in hochkarätigen Hotels, unter hoher Geldstrafe verboten ist. Üblicherweise stehen schon vor dem Eingang große und deutliche Warntafeln die Bußgeldstrafen, zwischen zweihundert und fünfhundert Euro ausweisen, dies kommt daher, weil der unangenehme Geruch einer Durian nur sehr schlecht aus dem Hotel wieder zu entfernen ist und die meisten Gäste sich durch den intensiven Geruch belästigt fühlen. Zudem lockt der starke Geruch sehr viele ungebetene Gäste, wie Schaben, Amcisen, Kakerlaken u. weitere Insekten oder Säugetiere in Form von Ratten oder Mäusen, usw., an. Die will kein Hotelier in seinem Haus sehen, denn das wiederum vertreibt die Gäste und ist eine extrem negative Werbung. Erstaunt schauten wir alles an, dies blieb nicht unbemerkt und der junge, freundliche Eisverkäufer fragte uns direkt, ob wir nicht so ein leckeres Eis mit Durian probieren möchten. Kevin und ich schauten uns kurz skeptisch an und stimmten letztendlich gerne zu. Denn unsere Devise lautet immer, erst probieren oder testen, danach kann ein eigenes Urteil gebildet werden. Natürlich gibt es auch Ausnahmen, da würden wir nie testen, dies ist zum Beispiel bei Tabletten, Drogen oder anderen Rauschmitteln der Fall. Schnell bereitete der Eisverkäufer zwei Waffeln mit dem genannten Eis zurecht und reichte sie uns über die Ladentheke. Wir bedankten uns bei ihm und fanden das Eis geschmacklich recht gut und gelungen. Nach kurzem Small Talk mit dem Verkäufer, verabschiedeten wir uns von ihm und dankten nochmals ganz herzlich dafür.

Dann entdeckten wir ein Restaurant, das mit einer Art U-Form eine Theke bildete, die im Inneren eine umlaufende Edelstahlplatte besaß und wir nicht gleich verstanden was es damit auf sich hatte. Das weckte unsere Neugier und wir schauten es uns in Ruhe an. Um die Theke saßen Personen und aßen direkt von der Edelstahlplatte das Essen. Es war so, dass der Koch die Gerichte vor den Gästen auf dieser Edelstahlplatte zubereitete und von dort sich der zahlende Gast bedienen konnte. Auch das hatten wir so noch nicht gesehen.

Ein paar Meter weiter befand sich eine moderne Sushi Bar, auf der die Laufbänder prall mit dem Sushi und weiteren japanischen, chinesischen und asiatischen Spezialitäten gefüllt war. Innerhalb und außerhalb des Bandes standen Tische, an denen die Gäste saßen und die entnommenen Schalen und Teller vom Band auf ihren Platz stellten, um das leckere Essen dort zu verspeisen. Auch hier war alles sehr sauber, was insbesondere bei Fischgerichten sehr ratsam ist. In der aktuellen und modernen Form ist Sushi ein japanisches Gericht, das aber seinen Ursprung einer Konservierungsmethode, des frischen Süßwasserfisches am südostasiatischen Flusses Mekong, verdankt. Bereits seit siebzehnhunderteinundachtzig wird Sushi in dem Ort Edo, genauer gesagt im Restaurant "Kodai Suzume-zushi Sushiman" hergestellt und gilt deshalb als dessen Erfinder.

Jetzt knurrte uns aber der Magen und durstig waren wir auch,da entdeckten wir zufällig die Fressmeile im obersten Stockwerk der IOI Shopping Mall. Hier befand sich ein Restaurant neben dem anderen, die Auswahl fiel nicht leicht. Alle Restaurants machten auf uns einen sehr sauberen und gut strukturierten Eindruck. Da Kevin lieber etwas mit Ente essen wollte und ich Appetit auf einen Fisch hatte, trennten sich für die Essenszeit unsere Wege.

Kevin nahm im Restaurant Platz, das sich für Entengerichte spezialisiert hat und ich begab mich zu dem kleinen Restaurant, am anderen Ende, das u.a. Speisen mit ganzen Fischen anbot. Ich schaute mir die Tafel an und orderte meinen Fisch, der ein paar Minuten später an meinem Tisch serviert wurde. Auf dem dunkelbraunen Tablett war eine klare Suppe mit Einlage und Gewürzen, zusätzlich noch ein paar Fleisch- o. Fischbällchen darin, das konnte ich nicht gut identifizieren, aber sah auf jeden Fall gut aus. Das Ganze wurde in einer runden, weißen und schlichten Suppenschüssel auf einem ovalen weißen Keramik- teller kredenzt. Des Weiteren war auf dem ovalen Teller eine große, sauber geformte Halbkugel aus Reis u. eine zweigeteilte weiße, rechteckige, flache Keramikschüssel für die Chilisoße. Auf einem schönen Naturholzteller lag unter einem Papier der ganze gegrillte Fisch, der mit Brösel bedeckt war, dazu wurden eine Art Gurkenscheiben als Dekoration gegeben und zwei rechteckige frittierte Stücke. Ein Stück hell, das andere dunkel. Ich konnte nicht raus herausschmecken um was es sich handelte, es schmeckte unauffällig, eher relativ neutral, aber nicht unangenehm. Ich sehe immer lieber was ich esse, so wie einen ganzer Fisch oder ein Grillhuhn, Garnelen, Krebse, Hummer, ein Stückchen Fleisch oder Fisch am Stück, usw.. Wenn es ein undefinierter gemischter Brei ist, egal ob roh, frittiert oder sonst irgendwie, ist das für mich nicht eindeutig, was sich darin befindet und deshalb esse ich das im fernen Ausland ungern. Zuhause ist dies kein Thema, da kennt man sich aus und weiß was sich in den Produkten, wie z.B. Fleischküchle befindet.

Da dieses Restaurant sehr sauber war und die undefinierten, frittierten Rechtecke gut aussahen, hatte ich erst mal keine großen negativen Bedenken. Es waren nur Personen aus Malaysia in diesem Restaurant und es war ganz gut besucht. Alle Gäste, inklusive des Kochs in seiner hellgrünen Kleidung mit dem gleichfarbigen Hut und der dunkelgrünen sauberen Schürze, sahen ganz genau zu.

Ich leerte die sehr scharfe Chilisoße komplett über den Reis und begann mit der Suppe. Danach abwechselnd den Fisch mit dem Reis, wobei der Reis nicht sonderlich scharf war. Bis ich dann am Tellergrund die letzten Löffel zu mir nahm. Da war dann der Chili sehr konzentriert enthalten u. ich musste mich beherrschen, dass mir nicht die Tränen aus den Augen liefen und die Nase anfing zu Tropen, ebenso versuchte ich unauffällig weiter zu atmen, obwohl alles im Rachen und auf der Zunge brannte. Ich musste wohl einen ordentlich roten Kopf bekommen haben, denn alle Gäste schauten erstaunt auf mich. Erst als ich fertig war und den Daumen hoch hielt, waren alle zufrieden, ganz besonders der Koch freute sich über das positive Feedback von mir. Eigentlich war ich aber selber Schuld, denn ich hätte den Reis umrühren müssen, dann wäre die Überdosis am Schluss nicht entstanden. Insgesamt gesehen war das Essen sehr wohlschmeckend, besonders der Fisch. Zum Abschied bedankte ich mich nochmals beim Koch.

Ich war etwas schneller fertig als Kevin und so begab ich mich auf den Weg in sein Restaurant. Als wir uns trafen, aß Kevin die letzten Stücke seiner gegrillten Entenbrust. Er war ebenfalls zufrieden mit seinem Essen, musste in dem großen Restaurant relativ lange warten, bis die Speisen kamen, teilte er mir mit. Wir tranken noch gemeinsam eine Kola in Kevins Restaurant und machten uns anschließend auf den Weg zur Abholstelle des Busses, von unserem Hotel.

Wir hätten beide nicht gedacht, das die Zeit in der Shopping Mall so schnell vorüber geht. Alles war sehr kurzweilig und interessant für uns. Wie sagt man so schön, andere Länder, andere Sitten und so war es auch in dieser Shopping Mall.

Zurück im Hotel legten wir uns noch ein wenig an den Pool und genossen die letzten Sonnenstrahlen des Tages. Danach suchten wir, zu Fuß in Bangi, ein gemütliches Restaurant.

Planstadt Putrajaya im Bundesgebiet Putrajaya von Malaysia

IOI Shopping Mall in Putrajaya

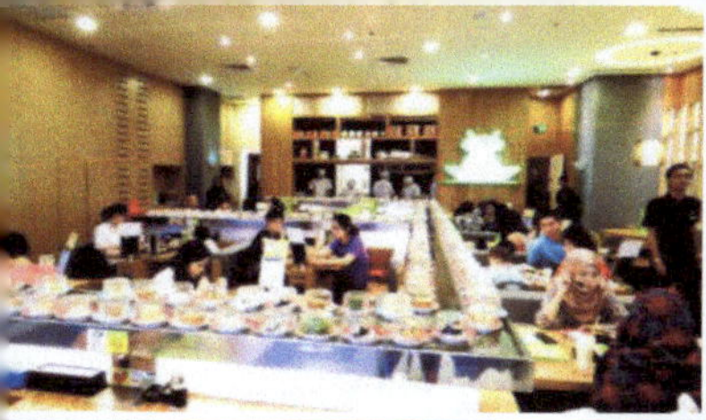
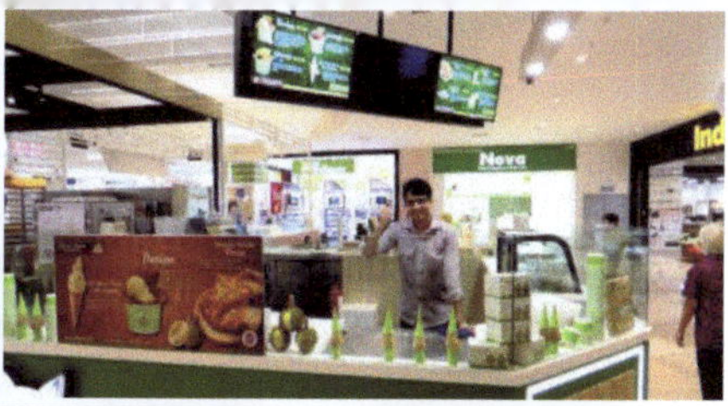
Nova
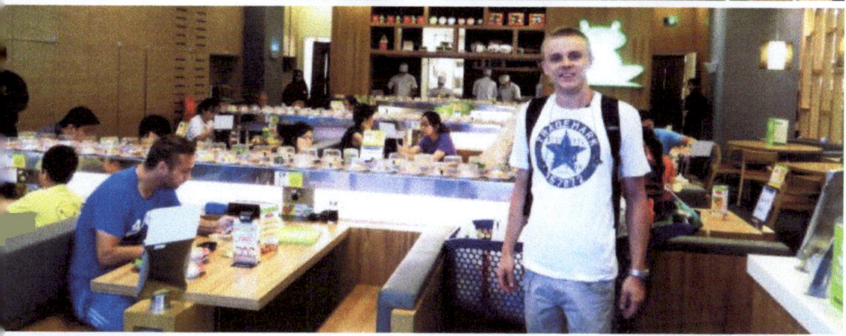
Promotion
Promotion

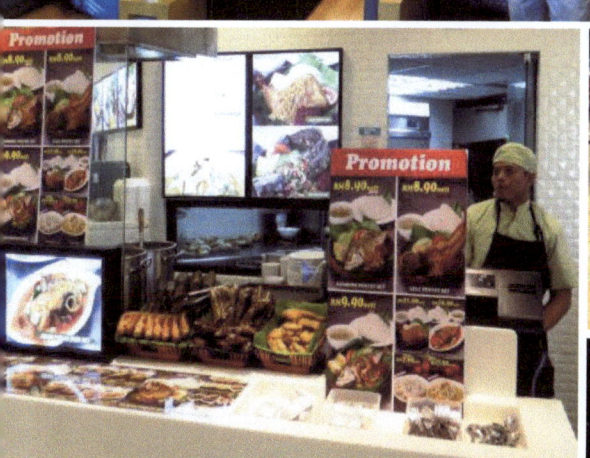

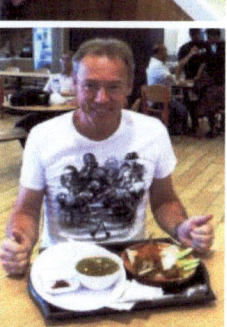

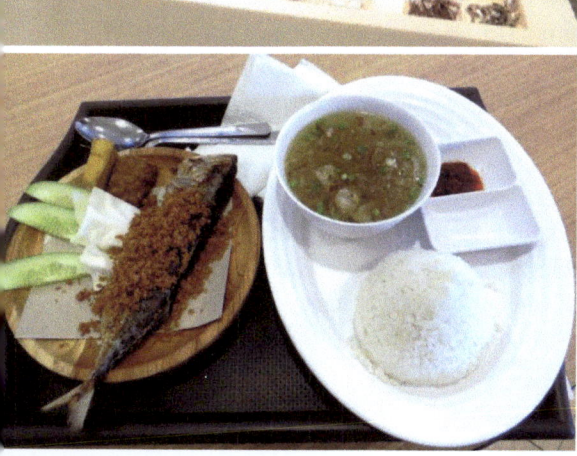

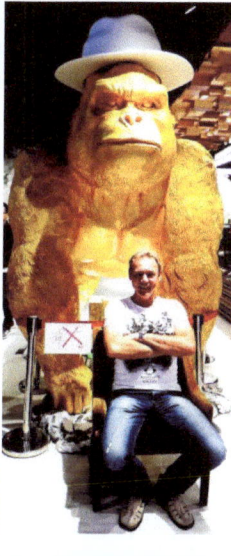

In Bangi fanden wir ein nettes kleines Restaurant mit
nationaler und lokaler Speisekarte, genau das was wir suchten.
Zu essen bestellten wir je ein Rindfleischeintopf mit Reis und
Gemüse, dazu ein großes Glas Melonenshake mit Eis.
Es schmeckte auch hier wieder sehr gut. Wir schauten uns
noch ein wenig im Ort um und liefen zurück zum Hotel,
um den Tag in Ruhe u. ausnahmsweise alkoholfrei zu beenden.

Am letzten ganzen Tag in Kuala Lumpur wollten wir es
entspannt angehen. Das hieß ausschlafen, gemütlich
frühstücken und den Pool bis zum Mittag nochmals genießen.
Es lief alles wie geplant und wir lagen relaxed am Pool und
ließen uns von der intensiven Sonne bräunen. Nach einer
Weile fiel mir ein, ich hatte meine Sonnenbrille vergessen
und lief deshalb zurück zu unserer Suite. Unterwegs im Hotel
waren zu dieser Zeit besonders viele Menschen sehr gut und
elegant gekleidet. Ich schaute mich neugierig um und da
wurde ich plötzlich von einer sehr gut aussehenden Frau
in einem seidenen grünen Kleid und rosafarbenen Kopftuch
angesprochen. Das Kleid der Frau, die in etwa fünfundvierzig
Jahre alt war, war mit schönen bunten Perlen und Steinen
bestickt, zudem war das elegante Kleid mit schönen
Stickereien ausgearbeitet. Ihr Kopftuch wurde auch so
hergestellt u. stilistisch sehr gut auf das Kleid abgestimmt. Sie
erzählte mir, dass ihre Tochter heute hier im Hotel heiraten
wird und zeigte mit der Hand auf die offene Tür neben sich.
Ich folgte ihr und wir liefen gemeinsam in den wunderschön
dekorierten Raum. Alles war in den Farben Weiß und Beige
gehalten, so wie mit rosafarbenen und weißen
Blumengeschmückt. Um den dezent geschmückten weißen
Tisch, standen sechs Stühle mit
Stuhlhussen und goldenen Bändern. Auf der Tischmitte stand
ein Mikrofon, hier wird sicherlich die Trauungszeremonie
stattfinden. Auf einem U-förmigen niedrigem Podest, um die
Sitzgruppe, wurden die wichtigsten Geschenke aufgestellt.

Ich unterhielt mich gern mit der Brautmutter, nicht nur weil sie gut aussah, sondern weil sie auch ein perfektes Englisch mit einer sehr ruhigen und angenehmen Art sprach. Irgendwann fragte ich, woher ihr gutes Englisch kommt. Sie meinte dazu, sie arbeitet in der Regierung des Landes und muss sich täglich in dieser Fremdsprache artikulieren. Sie lud mich und Kevin ein zu dieser Hochzeit als ihr Gast. Ich war ganz geschockt, natürlich im positiven Sinn, denn mit einer Einladung zu einer Hochzeit hatte ich niemals gerechnet. Dafür bedankte ich mich vielmals bei ihr und lehnte ab, weil ich weder die geeignete Kleidung, noch Geschenke, bei mir hatte und ich nicht mit meinen Jeans und T-Shirt zwischen den gut gekleideten Gästen negativ auffallen möchte. Die edle Frau versuchte mich mehrfach zu überzeugen, um doch noch an der Zeremonie und der Feier teilzunehmen. Ihre wichtigsten Argumente waren, es würden sich alle Gäste freuen, insbesondere das Brautpaar und wir können gern in Jeans und ohne Geschenke teilnehmen, es würde ihre Familie sehr ehren. Ich bedankte mich nochmals und betonte, wie schön es wäre dieses herzliche Angebot anzunehmen, zumal die Feierlichkeiten bestimmt fantastisch sind und ganz anders ablaufen als bei uns in Deutschland. Es wäre auch für Kevin und mich eine einmalige Erfahrung eine traditionelle Hochzeit in der Hauptstadt von Malaysia zu erleben. Wiederholte dazu natürlich meine ersten Argumente. Wir plauderten noch ein wenig und sie meinte schließlich, dann darf ich ihnen wenigstens die restlichen Räumlichkeiten der Hochzeit noch zeigen. Gern ging ich darauf ein und fragte, ob ich später ein paar Fotos von den Räumlichkeiten und den Personen machen darf. Sie meinte sehr höflich, "selbstverständlich, sehr gern" und bedankte sich abermals für mein Interesse. Sie zeigte mir den geschmückten Empfangsraum und den Festsaal, die beide passend zum bisherigen Ambiente hergerichtet wurden. Mir fiel in allen Räumen auf, das diese sehr elegant, dezent und schön geschmückt waren.

Ich holte meine Kamera, machte ein paar Fotos, u.a. auch
von dieser attraktiven Brautmutter, später unauffällig von der
ganzen Gesellschaft. Wir gratulierten dem frisch vermählten
Paar zu ihrer schönen Hochzeit und wünschten für die Zukunft
alles erdenklich Gute. Wir wurden vom Brautpaar und deren
Eltern, so wie weiteren Gästen, nochmals aufgefordert doch
noch an der Feierlichkeit teilzunehmen. Letztendlich bedankten
wir uns ein letztes Mal und wünschten noch eine schöne Feier.
Im Nachhinein war ich sehr beeindruck, dass die Frau und ihre
Familie so weltoffen und extrem gastfreundschaftlich waren.
Ich habe hier in meinem Buch nur ein Foto des Brautpaares
und eines mit ein paar Gästen eingestellt, so wie den Trauraum.
Das Brautpaar erschien in einem hellen, farblich aufeinander
abgestimmten Silber-Grauton, ebenso die etwas dunkleren
Schuhe. Er trug über seiner Hose noch eine Art kariertes Tuch,
das bis zu den Knien reichte und ein langärmliches Hemd mit
geschlossenem Stehkragen. Sie ein langes Kleid, darüber bis
zu den Knien, zusätzlich ein durchsichtiges Überkleid mit
türkisfarbenen Stickereien. Über dem Kopf trug sie einen
langen, dezent verzierten, Schleier, der vorne kürzer
abgesetzt war und nach hinten so lang wie das Überkleid fiel.
Er schmückte seinen Kopf mit einem schwarzen runden Hut,
auf dem eine silberne Brosche befestigt war. Das Brautpaar
wirkte auf uns sehr "Glücklich", ebenso wie alle geladenen
Gäste.

Nach dem faulenzen am Süßwasser Außenpool unseres
Hotels starteten wir den zweiten Teil des Tages und machten
uns auf den Weg nach Bangi. Dazu mussten wir am "Bangi
Golf Resort" vorbei laufen und konnten noch ein paar Blicke in
die sehr schön angelegte Golfanlage erhaschen. Der Grünton
beherrschte hier das gesamte Bild, bis auf die hellbraunen,
geschwungenen Sandflächen. Ab und zu flitzten ein paar
blaue elektrische Golfwagen vorbei.

Wir laufen weiter an den schönen Villenvierteln vorbei,
die sehr gut durch hohe Zäune und elektrische Zugangstore
gesichert sind, oftmals sitzt auch noch zusätzlich eine
Wachperson am Eingang des Areals. Der Baustil ist hier mit
dem von Deutschland identisch und dieses Foto hätte auch in
unserem Ort entstehen können, lediglich der Zaun um ein
ganzes Wohnviertel wäre bei uns unüblich. Auch gut zu
erkennen an den schönen teuren Autos und Motorrädern,
das hier wirklich nur die Reichen von Kuala Lumpur leben.
Die Villen-Anlagen sind sehr hochwertig und gepflegt.

Als nächstes entdecken wir, vermutlich ein Amtsgebäude, des
Sultan Hisamuddin Alam Shah ibni Almarhum Sultan Alaiddin
Sulaiman Shah KCMG, der von achtzehnhundertachtund-
neunzig bis neunzehnhundertsechzig in Kuala Lumpur lebte.
Dieser Mann war ein Adeliger in Malaysia, der von
neunzehnhundertachtunddreißig bis neunzehnhundertsechzig
der Sultan des Bundesstaates Selangor war. Nur in den Jahren
von dreiundvierzig und vierundvierzig regierte er hier nicht.
Neunzehnhundertsechzig wurde er sogar der zweite Wahlkönig
von Malaysia, er regierte aber nur hundertneununddreißig
Tage und war damit kürzester regierender Wahlkönig
der bisher insgesamt vierzehn amtierenden Wahlkönige.

Dann liefen wir wieder in das gleiche Restaurant wie den Tag
zuvor, aßen dort Hühnersuppe mit Fleisch, Reis, Chili, Gemüse
und ein gekochtes Ei. Kevin und mir schmeckte es wieder
sehr gut, dazu tranken wir den uns bekannten Melonenshake,
der tatsächlich nur aus frischen gemixten Wassermelonen
hergestellt und mit etwas Eis ergänzend wurde, das war alles.

Nach dem Essen schlenderten wir weiter durch das Viertel
und entdeckten ein paar Marktstände auf einem kleinen Platz.
Dort stellten, direkt vor Ort, ein paar Frauen frisches Gebäck,
im schwäbischen würde man sagen "süße Stückle" her.

Es roch sehr gut dort und wir probierten, bzw. kauften ein paar Kleinigkeiten. Ich muss sagen, so gut wie es roch so gut schmeckte es auch. Backen können die Frauen auch sehr gut. Einen Stand weiter wurde so eine Art Pizza und Hot-Dog hergestellt, das schafften wir leider nicht zu probieren, denn wir waren vom Essen im Restaurant und dem Gebäck restlos voll und mehr als satt. Anfangs waren die Marktfrauen sehr skeptisch, als sie uns sahen, das legte sich schnell und sie wurden freundlich zu uns. Leider sprechen wir die Landessprache nicht und die Marktfrauen kein Englisch, so blieb uns nur die Unterhaltung mittels Mimik und Gestik übrig. Aber es funktionierte oberflächlich trotzdem recht gut.

Von weitem betrachteten wir eine weiße Mosche mit türkisenen Dächern, die nur ein Minarett hatte und mitten in diesem Stadtteil stand.

Dann bogen wir in eine scheinbar endlose Geschäftsstraße ab, die aus vierstöckigen Verkaufshäusern aller Art waren und sehr große Werbeschilder auf der Frontseite zur Straße zeigten. Hier war der Einzelhandel und die Geschäfte der kleineren Unternehmer präsent. Vor den Geschäftshäusern war ausreichend Platz für die Kunden, die mit dem Pkw angereist sind. Wir schauten in das eine oder andere Geschäft hinein, alles war für uns sehr interessant anzuschauen, denn vieles war ganz anders als wir es in Deutschland kennen und oftmals sehr logisch und selbsterklärend. Wir entdeckten einen Friseurladen, der sehr rustikal, modern und großzügig ausgebaut wurde. Der Laden gefiel mir so gut, dass ich es wagte meine Haare hier schneiden zu lassen. Es wurde der Termin und Preis vereinbart und zehn Minuten später saß ich bereits auf dem Stuhl und der Friseur legte los. Alle Gäste schauten auf den Friseur, bzw. auf mich, denn es schien sehr ungewöhnlich, dass sich ein Europäer hier die Haare schneiden lässt. Vielleicht war ich sogar der Allererste, der sich traute !

Ich unterhielt mich in der englischen Sprache mit dem jungen Friseur, der auf mich, mit seinem Outfit, einen sehr internationalen Eindruck machte. So war es schließlich auch, der Friseur arbeitete schon ein paar Jahre in New York und schien der Chef des Ladens zu sein. So modisch war auch der Friseurladen eingerichtet, es passte nun alles zusammen, wie ein Puzzle. Er legte los und war schnell und genau. Da ich leider nicht mehr so dichtes Haar wie ein junger Mensch besaß, war er natürlich auch schnell fertig. Ich war sehr zufrieden mit seiner Arbeit, bedankte mich nach einem kleinen Small Talk und bezahlte letztendlich an der Kasse, die jemand anderes verwaltete. Natürlich bekam der junge Friseur ein gutes Trinkgeld von mir.

Wir schlenderten weiter durch die Einkaufsstraßen und besuchten den einen oder anderen Laden. Unsere Anwesenheit sprach sich wohl rum in dem Viertel und so kam es, dass manchmal ein paar Herren versuchten uns in ihren Laden zu lotsen. Dies geschah aber auf eine extrem freundliche und zurückhaltende Art und Weise. Ebenso erfreut waren immer alle, wenn ich den Fotoapparat ansetzte um zu fotografierten. Ich hoffe nur für alle Gäste nach uns, dass diese positiven Eigenschaften der Bevölkerung noch sehr lange anhält.

Wir schauten uns noch die kleinen und interessanten Lebensmittelgeschäfte an und freuten uns über die vielen Verkaufsstände, auf denen ganz frische Ware angeboten wurde.

Ein letztes Mal in unserem Restaurant, in diesem Viertel, essen und dann hieß es am nächsten Morgen die Heimreise antreten. Der Rückweg erfolgte, wie der Hinweg, nur in umgekehrter Reihenfolge. Glücklich, gesund und zufrieden kamen wir wieder in Illingen, unserer schwäbischen Heimatgemeinde, an. Wir waren sehr dankbar das wir diese fantastische und sehr empfehlenswerte Reise unternehmen durften. Danke KL.

Danke KL

Letzter Melonensh

Widmung

Dieses Buch entstand, weil es mir wichtig ist, das
eindrucksvolle Malaysia, die Hauptstadt Kuala Lumpur
und dessen Umgebung, seine Kultur und dessen Geschichte,
den Menschen etwas näher zu bringen. So wie das schöne
und abwechslungsreiche Land ein wenig zu präsentieren.
In der Hoffnung und der Motivation, dass weitere interessierte
Gäste sich das Land Malaysia anschauen und selbst erleben
können. Wir waren als Gäste, immer und überall, herzlich
willkommen und fühlten uns sicher in diesem Land,
auch dafür möchten wir uns bedanken.

Es wurde viel Freizeit gewidmet, die nötig war um dieses
Buch zu erstellen, deshalb geht auch ein großes Dankeschön
an meine kleine Familie und unseren Freunden. Danke auch
an unseren lieben Sohn Kevin, der ganz begeistert diese
fantastische Reise mit mir durchgeführte.

Ein herzliches und liebes Dankeschön an Yvonne,
die mich durch ihre Wissbegierde und manche Anmerkung
motiviert das Schreiben fortzuführen und zweckdienliche
Hinweise einbringt.

Veröffentlichte Bücher von Wolfgang Pade

Schwabentrio auf Weltreise
Reisebericht

Motorradreise Südosteuropa
Reisebericht

Expeditionsreise Südostafrika
Reisebericht

Expeditionsreise Zentralamerika
Reisebericht

Afrika Umrundung Teil 1
Reisebericht

Afrika Umrundung Teil 2
Reisebericht

Afrika Umrundung Teil 3

Afrika Umrundung Teil 4
Reisebericht

Backpacker Teil 1
Philippinen Indonesien Singapur
Reisebericht

Backpacker Teil 2
Philippinen Indonesien Singapur
Reisebericht

Inselhüpfen in der Karibik
Reisebericht

Kreuzfahrt in der Karibik

Flusskreuzfahrt in Russland
Reisebericht

Kreuzfahrt Hamburg - Spitzbergen
Reisebericht

Rundreise Vietnam
Reisebericht

Backpacker
Malaysia Kuala Lumpur